NICOLETTA SANGIORGIO

FELICITA' H24

**Idee e Consigli Pratici Per Vivere
Una Vita Felice e Spensierata 24 Ore
Al Giorno e Risorgere Dalle Ceneri
Della Depressione e Delle Dipendenze**

Titolo

"FELICITA' H24"

Autore

Nicoletta Sangiorgio

Editore

Bruno Editore

Sito internet

http://www.brunoeditore.it

Sommario

13 dicembre: giorno di uscita di questo libro e data importante per la mia famiglia.

Decido di pubblicarlo in questa data in tuo ricordo papà, che sei morto proprio in questo giorno 12 anni fa e in ricordo di mamma, che è nata il giorno 13. La "ciambella riuscita male", la bambina non abbastanza brava ancora una volta si è riscattata!

Da lassù, sono sicura, sarete fieri di me e state condividendo con me la mia gioia e il mio successo.

Ringrazio mio marito e mio figlio Simone per avermi sostenuto, incoraggiato e aver creduto in me.

Ringrazio anche mia figlia Eleonora che con la sua totale ed esplicita ostilità mi ha spinto, senza volerlo, a dare il massimo pur di ottenere ciò che volevo.

Spero di essere stata un buon esempio per loro e per la loro vita.

Introduzione

Passare dalle ceneri della depressione alla vita? Possibile?

Sì, certo. È quello che è successo proprio a me e sono orgogliosa di poterti raccontare come ho fatto a cambiare la mia vita così radicalmente.

Come ognuno di noi, nella mia vita sono passata attraverso tante cose negative, molte cose belle e molte rivincite. Sono uscita dal nero, dal buio, dall'abisso e sono diventata una donna felice, realizzata, con tante prospettive future, con molte meno paure, con molta voglia di realizzare i miei sogni.

Niente succede per caso e tutte le cose negative sono servite a formarmi e a rendermi così come sono ora: una donna vincente. È per questo che ringrazio tutte le cadute, le lacrime, la depressione, la bulimia per essere state il trampolino di lancio della mia rinascita.

Ringrazio anche tutte le persone che mi hanno ostacolato e che non hanno creduto in me perché, seppur facendomi tanto male, mi hanno permesso di fortificarmi e di essere quella che sono oggi.

Certo, devi essere protagonista della tua rinascita: nulla ti piove dal cielo. Devi essere determinato, devi aver voglia di vincere, di riscattarti. E, come me, anche tu puoi vincere, uscire dal tunnel e realizzare i tuoi sogni.

Non arrenderti mai, nonostante le difficoltà. Tu sei artefice del tuo destino: non lasciare che nessuno ti rubi la tua felicità.

Capitolo 1:

Come cercare la tua strada

Inizio raccontandoti qualcosa di me per farti capire da dove sono partita e come mi sono evoluta in questi anni. Nasco 53 anni fa a Roma in una famiglia ancora distrutta dal dolore per la morte, durante il parto, della figlia primogenita: mia madre decise di fare successivamente tre cesarei pur di vedere vivi i suoi bambini. Dopo di me nascono i miei due fratelli, Andrea e Paola, e viviamo una vita felice nonostante le tante difficoltà economiche.

Io ero la più grande e quando avevo tre anni e mezzo mamma, che si doveva occupare del mio fratellino iperattivo, mi tolse la bambola e mi mise in braccio mia sorella. Essendo la maggiore dovevo dare il buon esempio, non potevo sbagliare e avevo una grande responsabilità. Il nostro rapporto era quindi più simile a quello tra madre e figli che tra sorella e fratelli: io ero la grande e loro quelli che dovevo controllare.

Andrea era piuttosto vivace e aveva moltissime idee pericolose: riusciva sempre a coinvolgere mia sorella ma non me. Del resto loro erano agili e io "un piccolo barattolo" insicuro e maldestro. Mi ricordo ancora quando, una sera, per far vedere che ne ero capace, scavalcai un muretto, caddi e mi feci un male terribile. Non dissi nulla, ma al mattino mamma trovò il cuscino pieno di sangue.

Il vero rapporto con mia sorella si è instaurato nella tarda adolescenza e si è consolidato prima con la malattia di nostra madre e poi con la nascita dei miei figli. Paola è stata sempre disponibile con la mia famiglia e con papà: abbiamo condiviso momenti carichi di emozioni positive e negative e siamo rimaste sempre unite e presenti l'una per l'altra. Abbiamo instaurato anche una piacevole routine annuale: il nostro viaggio estivo.

Con mio fratello instaurare un rapporto è stato molto più difficile per il carattere forte di entrambi: gli rinfacciavo le sue scelte e il suo egoismo. Lui è andato dritto per la sua strada, incurante delle difficoltà economiche e psicologiche degli altri. Con la malattia e la morte dei nostri genitori lentamente ci siamo avvicinati e finalmente siamo riusciti a parlare e a condividere momenti importanti e significativi.

Non è stato semplice recuperare il rapporto con Andrea ma la determinazione, la forza di volontà e soprattutto l'amore hanno permesso che questo accadesse. Sia io che mia sorella siamo state presenti nei momenti in cui lui ha avuto bisogno di noi e questo ci ha unito tantissimo: dico sempre che da lassù i miei saranno orgogliosi di noi.

SEGRETO n. 1: Lotta per i rapporti importanti, non fermarti alle difficoltà e alle incomprensioni. Se vuoi veramente ottenere grandi cose dalla vita devi essere determinato e combattere.

Ancora ricordo l'ingresso all'asilo dalle suore, il lungo corridoio con in fondo una statua della Madonna e io che singhiozzavo, inconsolabile. Ho pianto fino alla prima elementare: sin da allora ero dipendente dall'affetto degli altri e non riuscivo a stare lontana dai miei genitori.

I miei fratelli invece non hanno avuto problemi né all'asilo, né a scuola. Sono stati sempre più bravi di me e tantissime volte mi sono sentita dire "non tutte le ciambelle riescono col buco, non è intelligente come i fratelli".

Persino la scuola superiore la scelse per me una zia: non ero considerata all'altezza di frequentare un liceo.

Passai un'adolescenza tormentata: mi sentivo diversa sia perché ero grassa, sia perché mi sentivo inferiore agli altri. Il peso mi ha assillato e mi assilla tuttora, anche se in misura minore, e più tardi sarebbe esploso nella bulimia. Le altre ragazze potevano mettersi i pantaloni e andare in giro con disinvoltura, io dovevo indossare gonne e vestiti fatti dalla sarta. Sono sempre stata, fin da piccola, un "barattolo", ma dentro di me c'era qualcosa che nessuno o quasi vedeva: una persona fragile e molto complessata.

In un paese vicino Roma, Castel Madama, incontrai un gruppo di ragazzi e in particolare trovai un'amica, Anna: d'estate uscivamo sempre insieme, anche se io non mi sentivo completamente accettata dal gruppo sempre per via del mio peso. In qualche sabato d'inverno tornavo con il pullman a trovare gli amici e spesso organizzavamo feste a casa mia: ma ricordo il dolore di vedere il ragazzo che tanto amavo ballare e baciare Anna.

Verso i quattordici anni iniziai a fumare, un po' per spirito di contraddizione perché il fumo mi dava fastidio (i miei fumavano), un po' per farmi accettare e sentirmi più "figa". La sensazione della sigaretta in mano, la postura, il "fare la grande" mi piacevano tantissimo, mi sentivo maggiormente parte del gruppo, più trasgressiva e più uguale agli altri. I miei non si accorsero di nulla per anni: l'odore era impossibile da percepire in una casa di fumatori e inoltre non hanno mai frugato nelle nostre borse.

Iniziai a fumare sigarette forti perché anche gli altri le fumavano, ma non arrivai mai a farmi le "canne" come qualcun altro del gruppo. Ricordo il sapore e l'aroma di una marca straniera di sigarette: le adoravo, anche se costavano care.

Riuscii a controllare il numero delle sigarette fin quando un giorno, arrabbiata per non so cosa con mia madre, le dissi di darmene una. Da allora iniziai a fumare sempre di più fino ad arrivare, nel giro di pochi anni, a circa quaranta sigarette al giorno.

In quello stesso periodo ero entrata nella comunità religiosa dei neocatecumenali e vi sono rimasta fino al mio matrimonio. Qui ho scoperto un modo nuovo di vivere il cattolicesimo e soprattutto ho scoperto la fratellanza vera, cioè come le persone possono aiutarsi a vicenda. La mia famiglia ha sempre aiutato gli altri e io ho sempre definito mia madre come "un cuore grande", ma qui abbiamo imparato a farlo in maniera ancora più completa.

A volte, durante l'anno, andavamo a fare un ritiro di due giorni in un istituto. Ricordo ancora la confusione quando, la sera, noi giovani entravamo nelle altre camere per ridere e scherzare, disturbando il sonno degli adulti. Erano momenti importanti di conoscenza di sé stessi, ma anche di divertimento con gli altri.

In quelle situazioni, come puoi immaginare, sono nati alcuni amori, ma non ero abbastanza bella per conquistare quei ragazzi.
In questo percorso incontrai però un'altra persona, Elsa, con cui ho sempre avuto un rapporto speciale.

A sedici anni e mezzo mi misi con il mio primo ragazzo: era dolce ed era soprattutto il primo che mi accettava così com'ero. Lui era più grande e più maturo, nato in una famiglia di nove figli con tante difficoltà economiche e di alcolismo. Non so dire se fossi veramente innamorata: sicuramente mi piaceva la sensazione che qualcuno mi notasse e mi apprezzasse, ma mi annoiai presto, nonostante lui mi adorasse, e lo lasciai due volte.

Con Anna litigai a diciassette anni perché anche lei era in crisi adolescenziale e non poteva dedicarmi le attenzioni che avrei voluto: ero totalmente dipendente dal suo affetto e preferii perdere la sua amicizia pur di non soffrire ancora. Ci riavvicinammo solo per il mio matrimonio, e ora è una delle tre mie migliori amiche. Con lei riesco a capire se c'è qualcosa che non va anche se non la sento per tanto tempo: ogni volta che ho provato l'urgenza di chiamarla lei aveva veramente bisogno di me per qualche grave motivo.

Nel 1982 mi sono diplomata in una scuola professionale e volevo iscrivermi a Statistica: le difficoltà erano evidenti, ma non sono stata incoraggiata a superarle. Ho quindi abbandonato questo progetto e sono andata a lavorare nella ditta farmaceutica di mio padre come segretaria. Il lavoro mi piaceva: facevo persino le consegne per le urgenze in ospedale se serviva.

SEGRETO n. 2: Cerca la tua strada: se una cosa non ti riesce non ti preoccupare, vai avanti e reinventati. Solo la perseveranza modifica le cose.

Nel pomeriggio, dopo il primo lavoro, facevo ripetizioni ad alcuni bambini: ero impegnatissima ma strafelice. Guadagnavo bene e avevo trovato un'amica speciale con cui condividere tutto, Patrizia. Per un periodo lavorammo insieme: all'epoca fumavo circa quaranta sigarette al giorno e bevevo tantissimi caffè, e siccome anche lei faceva lo stesso probabilmente aumentammo la quantità. Ne eravamo entrambe dipendenti, ma andava bene così.

Al lavoro ero spigliata e aperta, tanto che riuscii a vendere perfino un presidio medico contro l'impotenza. Era una sorta di preservativo in silicone: la cosa divertente ma impegnativa era spiegare agli utenti come misurare il loro pene e come usare il presidio. Gli uomini preferivano parlare con me o Patrizia dei loro problemi, piuttosto che con altri uomini: fu un momento di rivincita personale veramente divertente.

Il sabato e la domenica io e Patrizia andavamo a Castel Madama nella casa dei miei per vedere gli amici, e ci divertivamo da matti. Con la mia macchina giravamo per i paesi a trovare le persone del gruppo: musica di Baglioni a tutto volume, tanta allegria e voglia di vivere, niente orari. Spesso lei e io mangiavamo solo fritti e cioccolata calda con panna, ed era bellissimo fare le ore piccole nel letto di mia madre a fumare e a chiacchierare.

Nell'estate dell'84, andando a trovare Patrizia al mare, incontrai il mio futuro marito, Felice. Mi trovai bene con lui, iniziammo subito a parlare e a confidarci e dopo meno di una settimana ci mettemmo insieme. Ero molto innamorata e assecondai subito le sue esigenze: ero perlopiù io a fare il viaggio tra Roma e Ascoli Piceno, perché lui aveva gli amici e le sue cose da fare. I miei mi dicevano che era sbagliato, che non potevo spostarmi solo io, ma ero testarda e non volevo capire.

Andammo avanti così tra alti e bassi per quasi cinque anni. Pur di vederlo, lo raggiunsi persino a Merano mentre faceva il militare: fu la prima volta che affrontai un viaggio così lungo da sola col treno. Ai venticinque anni di matrimonio dei miei inventò un mucchio di scuse pur di non essere presente. Era in crisi e forse non reputava il nostro rapporto così importante. Alla fine venne, ma era tutta una lotta e io continuavo a rincorrerlo e a supplicarlo.

I miei genitori all'inizio non accettarono Felice e non volevano assolutamente che mi sposassi con lui: ancora ricordo le riunioni familiari sino a notte tarda per convincermi a lasciarlo. Alla fine capii che il nostro rapporto non poteva durare solo grazie a me: e così, in occasione del mio ventitreesimo compleanno, lo lasciai. Stavo frequentando un'altra comitiva e avevo conosciuto un ragazzo completamente diverso da lui, affettuoso e premuroso.

I miei, quando gli dissi che avevo lasciato Felice, furono contentissimi perché non lo consideravano adatto a me. Ma lo amavo troppo e quindi ritornai con lui, nonostante la loro disapprovazione.

SEGRETO n. 3: Lotta per quello che per te è importante, perché nessuno può e deve decidere per te.

Pochi mesi prima di sposarmi ho deciso di smettere di fumare per amore: il motivo ora non lo condivido, ma fu comunque una cosa buona per me. Smettere fu difficilissimo. La prima volta lo dissi a tutti e dopo poco riiniziai: del resto vivevo in una famiglia di fumatori e lavoravo con persone che fumavano.

Comprai dei libri che mi dessero indicazioni su come fare e provai di nuovo, ma stavolta non dissi niente a nessuno: sia a casa che in ufficio, se mi chiedevano come mai non fumassi, rispondevo di aver appena spento la sigaretta.

Decisi di tenermi in macchina un pacchetto e mezzo di sigarette e altrettante in tasca (praticamente la mia dose giornaliera): l'idea di non averle mi faceva stare troppo male. Iniziai a bere molti succhi di frutta per depurarmi e cominciai a soffrire di una tosse terribile: era tutto il catarro che ingolfava i miei polmoni.

I soldi che avrei dovuto spendere nelle stecche di sigarette (a casa mia non si compravano mai pacchetti singoli) li misi in un salvadanaio: mi ci sono quasi pagata il viaggio di nozze.

La dipendenza dal fumo è in maggior parte psicologica: quando iniziai a smettere mi resi conto che molte sigarette le fumavo per abitudine. Mi accorsi per esempio che guidando, a determinati semafori, automaticamente mi accendevo la sigaretta, con il risultato di arrivare al lavoro alle nove e averne già fumate quattro o cinque.

Dopo aver smesso sono stata tentata in varie occasioni: ho capito che dovevo stare attenta a tutte le situazioni in cui normalmente fumavo, come al mare, a Natale, a una festa e così via. Solo quando sono riuscita a resistere a tutte queste tentazioni, che ormai erano solo "di testa", ho potuto veramente dire di aver smesso. Dal 1989, anno in cui mi sono sposata, non ho più toccato una sigaretta.

Dopo cinque anni, nonostante la disapprovazione dei miei, io e Felice ci siamo sposati: ho però dovuto lasciare la mia amata città, la mia famiglia, il lavoro e gli amici. Abbandonare tutti i miei impegni e ritrovarmi a casa senza far niente fu traumatico: mio marito usciva con gli amici e io rimanevo spesso da sola.

Ad Ascoli Piceno non avevo amici miei e le ragazze degli amici di mio marito avevano poco da spartire con me: iniziai a rendermi conto di quello che volevano dire i miei quando affermavano che avrei sentito la differenza di classe sociale.

Sin dall'inizio ad Ascoli mi sono trovata malissimo: la gente mi considerava un'estranea e lo sono ancora dopo ben ventotto anni di vita qui. Passare da una città e da una mentalità aperta come quella di Roma a quella ristretta e chiusa di Ascoli fu, ed è ancora, un trauma. Mi ricordo che appena sposata provai a informarmi per fare judo e mi risposero scandalizzati che le donne non potevano fare certe cose.

Per Felice, inoltre, i soldi per i libri erano sprecati: io, che provenivo da una famiglia dove erano sacri e tutti leggevano, fui costretta a lasciarli. Avevo imparato a leggere con gioia durante la tarda adolescenza, quando potei decidere che libri comprare: mi appassionavano la parapsicologia e Stephen King. Di questo autore iniziai la collezione, che purtroppo terminò con il mio matrimonio.

Quando veniva a trovarmi mia sorella, in qualche modo non potevamo uscire: mi sentivo succube in tutti i sensi di mio marito e completamente in balìa della sua volontà.

Ricordo con dolore anche un episodio con i miei genitori: loro, come me, non si sentivano a loro agio in casa mia e andarono via prima, piangendo. Forse riuscivano a vedere molto di più di quello che io stessa volevo ammettere tra me e me.

Pensai tantissime volte che avrei dovuto ascoltare il loro consiglio prima di sposarmi, ma per orgoglio non gliel'ho mai detto: avrei ammesso la mia sconfitta e il mio errore.

Capii che forse Felice non era l'uomo giusto per me, ma dover ammettere la sconfitta sarebbe stato troppo difficile: comunque lo amavo e decisi di iniziare a mandar giù bocconi amari pur di stare con lui. Ero dipendente in tutto e per tutto da lui e lasciai che governasse in qualche modo la mia vita, arrivando a fare cose che non avrei mai fatto pur di accontentarlo. Ma più facevo così e più distruggevo me stessa.

Con questi presupposti sarebbe iniziata subito la depressione se non fossero arrivati, in breve tempo, prima mia figlia Eleonora e poi mio figlio Simone.

SEGRETO n. 4: Gli sbagli fanno parte del percorso di crescita. Fa' che ogni cosa derivi da una tua scelta: solo così non potrai accusare nessuno.

La vita in tutte le famiglie, compresa la mia, è piena di momenti belli e brutti, di gioie e di dolori. Con i miei figli ho sperimentato entrambe le cose, dato che hanno avuto qualche problema importante tutti e due.

Mia figlia aveva circa dieci anni quando iniziò ad accusare forti mal di testa. Ebbe inizio un'interminabile trafila di analisi e di controlli, ma tutto risultava negativo. Non fu un periodo facile perché, non sapendo l'origine dei suoi disturbi, pensavamo alle cose peggiori: la preoccupazione anche dei medici poi quasi ci confermava i nostri timori.

Alla fine ci indirizzarono ad un centro per la cefalea a Roma e, dopo la visita, la ricoverarono per una settimana. Le fecero rifare tutti gli accertamenti, ci intervistarono e indagarono anche su di noi, scoprendo infine che il mal di testa era di origine psicologica e che la causa era una maestra.

Eleonora al tempo teneva tutto dentro e la tensione le provocava quegli atroci dolori. Le insegnarono a tirar fuori le emozioni: da quel momento, nella maggior parte dei casi, lei lascia correre e spesso io e mio marito diciamo che se il mondo cascasse lei si sposterebbe un po' più in là.

Ritornammo varie volte ai controlli e a poco a poco uscimmo dal problema. Anche il periodo di guarigione fu lungo e difficile, ma alla fine ne uscimmo tutti fortificati.

Con mio figlio le cose furono ancora peggiori. Sempre verso i dieci anni, parlando con le maestre, scoprii che Simone si estraniava, nonostante la presenza a scuola, non partecipava, viveva nel suo mondo e non interagiva con i compagni. Mi arrabbiai moltissimo perché ritengo che in questi casi una maestra debba intervenire telefonando alla famiglia ma mi dissero che non sapevano come rintracciarmi. Mi infuriai: portavo tutti i giorni i miei figli a scuola ed ero rappresentante di classe e d'istituto!

Le maestre mi dissero che Simone aveva falsificato una firma (era in quinta elementare): cercando di capire come avesse fatto aprii il diario e rimasi scioccata da quello che vidi. C'era una foto che lo ritraeva con mia madre, ma mamma abitava a Roma ed era morta quando lui aveva poco più di quattro anni, quindi non pensavo la ricordasse.

Simone aveva inoltre degli attacchi di rabbia che andavano controllati fisicamente: lo dovevo contenere e prendermi i suoi pugni e calci finché non si calmava. L'atteggiamento, se andava bene all'età di 4 anni, non era consono ora.

Mio zio, neuropsichiatra, mi consigliò di portarlo dallo psicologo e questi riscontrò che la situazione era grave. Ci disse allora di rivolgerci al centro di neuropsichiatria infantile in via dei Sabelli a Roma: spedimmo tutta la documentazione e alla fine ci diedero appuntamento. Tutti i parenti, specie quelli di mio marito, erano contrari e ci sconsigliavano di farlo visitare: ma io fui determinata e convinsi mio marito che quella era la cosa giusta da fare.

Alla visita mio figlio volle mettersi in seconda fila, dietro di noi, nonostante gli avessi chiesto di stare in braccio a me. Ricordo ancora come piangeva mentre noi descrivevamo al medico con notevole apprensione quello che accadeva, i suoi comportamenti aggressivi e la foto della nonna: stava scoprendo in quel momento che gli volevamo bene.

Fummo ricoverati anche stavolta per una settimana e di nuovo fummo analizzati e studiati anche noi. Gli specialisti di Roma riscontrarono che Simone aveva un problema con le regole e, dato che normalmente gliele davo io, pensava che non gli volessi bene. Era arrivato a credere che nessuno lo amasse: né noi genitori, né la sorella, né i nonni, nessuno tranne mia madre morta da anni.

Quando scoprimmo il suo stato d'animo, potete immaginare il dolore che abbiamo provato sia per noi stessi, sia soprattutto per il suo vuoto, per quello che Simone considerava un abbandono. Ringraziai la mia determinazione per aver capito la gravità della situazione e aver lottato contro tutti pur di aiutare mio figlio.

L'indagine riscontrò un eccessivo attaccamento a me e una sostanziale carenza della figura paterna, vista come una personalità troppo forte: mio marito fu quindi invitato a fare qualcosa con suo figlio. Iniziò allora a condividere con Simone l'amore per il calcio e, per stargli più vicino, a fare l'allenatore pur senza allenarlo personalmente, impegnandosi a ricostruire un rapporto più paritario e meno autoritario.

Facemmo molti incontri: la psichiatra ci faceva sedere l'uno di fronte all'altro e insieme stilavamo una specie di contratto. Per le regole, per esempio, Simone si impegnava a rispettarle e io a non ripetergliele: quindi lui si lavava, faceva i compiti e così via senza che io glielo ricordassi.

Feci così per tutta la prima media: vedevo che non studiava, ma non dissi niente. Fu rimandato in due materie, matematica e francese, e solo allora gli dissi che, se io avevo rispettato i patti, lui non lo aveva fatto: prese ripetizioni tutta l'estate senza borbottare.

Ripensando a quel cammino così doloroso e vedendo come mio figlio è cresciuto bene fisicamente e psicologicamente, ringrazio ancora di più me stessa per la cocciutaggine e la determinazione avuta contro tutti per il suo bene.

SEGRETO n. 5: Lotta per quello in cui credi e non arrenderti mai: non ascoltare chi ti giudica e se senti che devi fare una cosa, falla.

RIEPILOGO DEL CAPITOLO 1:

- SEGRETO n. 1: Lotta per i rapporti importanti, non fermarti alle difficoltà e alle incomprensioni. Se vuoi veramente ottenere cose grandi dalla vita devi essere determinato e combattere.

- SEGRETO n. 2: Cerca la tua strada: se una cosa non ti riesce non ti preoccupare, vai avanti e reinventati. Solo la perseveranza modifica le cose.

- SEGRETO n. 3: Lotta per quello che per te è importante perché nessuno può e deve decidere per te.

- SEGRETO n. 4: Gli sbagli fanno parte del percorso di crescita. Fa' che ogni cosa derivi da una tua scelta: solo così non potrai accusare nessuno.

- SEGRETO n. 5: Lotta per quello in cui credi e non arrenderti mai: non ascoltare chi ti giudica e se senti che devi fare una cosa, falla.

Capitolo 2:
Come gestire la serenità e la depressione

Dopo la nascita di mio figlio era iniziato per me e per la mia famiglia un periodo particolarmente drammatico: mio padre fu arrestato. Era direttore tecnico di una ditta di esplosivi in cui si evidenziarono irregolarità nella gestione del materiale: mio padre fu quindi considerato responsabile dell'accaduto.

Entrare in carcere per un uomo onesto è qualcosa di devastante: ciò ha segnato non solo la sua vita e la sua salute, ma anche la nostra, e in particolare quella di mia madre.

Era il periodo di Natale e mi ricordo che non riuscii neanche ad arrivare a Roma per quanta neve c'era. Cercammo di partire comunque, ma nevicava talmente tanto che persino mia figlia di quattro anni si era spaventata. Dovemmo quindi tornare indietro, con la pena ulteriore di dover passare il Natale separati. Quei ricordi, come puoi immaginare, sono molto dolorosi.

Andare in carcere a trovare mio padre, allora sessantacinquenne, è stata una dura prova. Ti spogliano di tutto, ti trattano quasi come un delinquente, ti perquisiscono, ti fanno passare varie porte di sicurezza e le chiudono dietro di te portandoti nel cuore del carcere. Penso che non potrò mai scordare la sensazione di inadeguatezza e di dolore provata. Ma la cosa più brutta e straziante era vedere il proprio genitore in sala visite dall'altra parte del tavolo, i suoi occhi spenti, tristi, devastati dal dolore.

Mia madre intanto prendeva sempre più farmaci per dormire, per la depressione, per resistere in qualche modo di fronte a una tale tragedia. Era diventata, in meno di un mese, l'ombra di sé stessa: la donna forte ed energica era del tutto scomparsa. Il suo viso si è riempito di rughe, il sorriso è sparito e al suo posto sono apparsi occhi sempre pieni di lacrime e di dolore.

Come si vive una tale situazione? Non si sa cosa fare, a chi rivolgersi per avere notizie, per capire i passi da fare: buio completo, angoscia, senso di impotenza, rabbia... In un attimo la vita cambia per sempre.

Ulteriore problema: con chi condividere tale angoscia? E cosa penserà la gente? Come ti tratterà dopo aver saputo? Provate a pensare al dolore che può provocare l'essere giudicati senza conoscere nemmeno i fatti ed essere quasi sempre etichettati.

Anche le persone da cui ti aspetti conforto a volte non te lo danno, forse perché in quel momento stanno soffrendo come te e non sono capaci di offrire aiuto: rimasi molto male quando Patrizia non mi diede il sostegno che mi sarei aspettata.

I miei figli avevano pochi anni e in quel momento non potevano comprendere: per spiegargli la mia tristezza, preoccupazione ed ansia gli dicemmo che il nonno stava in ospedale. Li ho sempre voluti preservare da questo dolore, dal sentirsi giudicati, e solo dopo aver deciso di scrivere questo libro gli ho detto la verità.

Mio padre uscì dal carcere dopo un mese e poco più, distrutto, ma fu arrestato di nuovo breve tempo dopo con l'accusa di occultamento e traffico di esplosivi: si pensava che nello stabilimento fosse stato nascosto l'esplosivo che era servito alla strage di Capaci. Questa fu un'altra mazzata incredibile.

Ognuno di noi viveva il suo dolore, ma quello di mia madre era veramente inconsolabile. Nella prima occasione, non volle venire in carcere perché sarebbe stato troppo per lei: andavamo a turno noi tre figli, accompagnati da mio marito e talvolta da qualche amico fraterno.

Al secondo arresto, Andrea e Paola convinsero mamma ad andare perché forse il vedere papà sarebbe stato meno traumatico che il preoccuparsi per lui. Anche se io non ne ho avuto esperienza diretta, so che quell'incontro fu particolarmente emozionante e commovente e diede forza ad entrambi.

Il senso di inadeguatezza, comunque, non ci abbandonò mai: non ci si abitua ad essere perquisiti e a passare tutte quelle porte.

Ancora ricordi dolorosi. Mia suocera, che pure tanto mi stava aiutando con i miei figli, quando mio padre fu arrestato di nuovo disse una frase che mi spezzò il cuore: "Che ti preoccupi a fare, non è la prima volta, dovresti essere abituata!". Tale indelicatezza ha leso per sempre il nostro rapporto: in un incontro religioso anni dopo l'ho perdonata, ma la ferita rimane.

Finalmente gli avvocati riuscirono a far uscire mio padre di prigione e dopo il secondo arresto non vi è più rientrato, ma le cose erano cambiate per sempre. Papà fu costretto a lasciare quel lavoro che amava tanto e a passare il suo tempo a casa al "servizio" di mamma.

Il sorriso e la spensieratezza erano finiti: la paura che potesse accadere di nuovo era come una nuvola nera che incombeva su di noi. Ogni volta che suona il citofono sei in allarme, vedi pericoli in tutto, niente è più come prima. Posso solo immaginare quello che provarono mia sorella e mia madre quando di notte i Carabinieri vennero a prendere mio padre, il dolore di doverlo lasciar andare, lo smarrimento di fronte a cose che non capisci.

Comunque quella situazione terminò e cercammo tutti di tornare alla normalità, ma purtroppo quest'evento è stato il colpo di grazia sia per la salute di mia madre che per quella di mio padre.

SEGRETO n. 6: Nonostante le difficoltà, rialzati sempre e lotta con tutte le tue forze.

Nel 1996 la mia fragilità si frantumò definitivamente. Dopo aver partorito mia figlia sei anni prima ero dimagrita tantissimo e per la prima volta in vita mia portavo la taglia 44. Con la gravidanza di mio figlio, nonostante provassi a calare, alcuni chili non se ne volevano andare.

Mio marito mi faceva continuamente notare che il sovrappeso era localizzato soprattutto sulle cosce: a causa di questa sua critica andai completamente fuori di testa ed entrai prepotentemente in una profonda depressione.

Non avevo più voglia di fare niente, né di seguire la casa né i figli, ed ero completamente apatica. Passavo ore davanti alla televisione senza neppure capire cosa stessi guardando, o davanti al computer a guardare i numeri che scorrevano nello scaricare canzoni che poi neanche sentivo. Facevo il minimo indispensabile e comunque controvoglia.

Oltre alla depressione, iniziò per me la bulimia: cominciai a mangiare ogni cosa in quantità abnormi. Il pensiero di rimanere senza cibo era insopportabile, dovevo mangiare sempre, ma non lo facevo mai davanti agli altri. A pranzo e a cena mi moderavo, per poi abbuffarmi quando nessuno mi vedeva.

Ricordo con terrore i barattoli di marmellata mangiati in una sola volta; e addirittura, in un'occasione, divorai una pizza con mezzo barattolo di marmellata sopra. Il peggio arrivò quando mangiai perfino delle mandorle con i vermi.

In breve tempo ingrassai a dismisura, ma non ero assolutamente consapevole del perché mangiassi. La mia dottoressa mi indirizzò a uno psichiatra e la visita riscontrò una profonda depressione: mi imbottirono di psicofarmaci e iniziai il percorso terapeutico sia da uno psicologo, sia al centro ABA di Ancona contro anoressia e bulimia. Ripeto che non sapevo minimamente perché mangiassi così tanto e perché, sostanzialmente, mi stavo distruggendo.

Mi ricordo che mia figlia faceva la prima elementare quando mi chiese come si scrivesse la lettera F: io presi la penna in mano e mi resi conto che ero incapace di tracciarla. Dirai che non è possibile dimenticare come si scrivono le lettere, ma fu proprio così: e la lettera F è l'iniziale del nome di mio marito, Felice.

Il percorso tra psicologo e centro ABA mi portò quindi a capire che il motivo era stato l'atteggiamento di mio marito. Capirlo non mi aiutò inizialmente a risolvere il problema: continuavo a mangiare e a provare in tutti i modi a vomitare, ma questo non riuscii mai a farlo, nonostante le dita o il cucchiaio in gola.

Andai per mesi all'ABA tutte le settimane e spesi un pozzo di quattrini tra visite, autostrada e benzina. Tirai fuori tanti mostri dall'armadio, comprendendo nel profondo tanti condizionamenti e conflitti dell'infanzia, e piansi fiumi di lacrime risanatrici.

Un giorno una psicologa del centro mi chiese come mai invece di ingozzarmi di dolci non mangiassi delle carote: mi arrabbiai talmente tanto che non misi più piede all'ABA. Certo che sarebbe stato meglio mangiare alimenti poco calorici, ma probabilmente c'era qualcosa che non andava in me se mi serviva tutto quel cibo per sopravvivere.

Il percorso fu duro e molto lungo ma alla fine ne venni fuori, pur con le ossa rotte. La bulimia si ripresenterà periodicamente nella mia vita e tuttora non posso dire di esserne uscita completamente:

quel mostro è sempre lì, anche se ora riesco a gestirlo sicuramente meglio e può essere definito più come dipendenza alimentare. Intanto riuscii a mettermi a dieta e a perdere molti dei chili che avevo preso, ma non ritornai mai più magra come prima.

Mio marito, capendo di essere lui la causa di quello che mi era successo, iniziò a cambiare e a sostenermi: riuscì alla fine a farsi perdonare, almeno in parte. Non era infatti la prima volta che mi feriva facendo riferimento al peso o guardando le altre in modo da farmi sentire una nullità. Ora sono consapevole che gliel'ho permesso io e che avrei potuto reagire molto diversamente, ma a quel tempo non ero in grado di farlo.

SEGRETO n. 7: Non permettere a nessuno di distruggerti, di annientarti. Tu non sei una nullità ma un dono prezioso: se gli altri non lo capiscono, allontanali.

Desideravo molto un altro figlio ma mio marito non voleva per il suo egoismo: iniziai a prendere la pillola praticamente contro la mia volontà per assecondare ancora una volta i suoi desideri. A volte me la scordavo perché era contro quello che io volevo, e ad ogni ritardo io speravo fosse un lieto evento mentre mio marito era cupo e disperato alla sola idea. Andò sempre bene a lui: il ritorno del ciclo era per me sempre un momento traumatico.

Contro la mia volontà, ho preso la pillola per oltre una ventina d'anni, la maggior parte come anticoncezionale e il resto per evitare di entrare troppo presto in menopausa. Appena arrivai a cinquant'anni smisi di prenderla del tutto: mi ero massacrata fisicamente e psicologicamente e ancora una volta, per anni, ero rimasta succube di mio marito e delle sue scelte.

Nel 1998 mia madre si ammalò e fu ricoverata al San Giacomo a Roma. Lì la disumanità era la regola: la imbottivano di farmaci, dandole quello che prendeva per evitare gli attacchi epilettici (era stata operata per un'emorragia cerebrale qualche anno prima) anche durante il giorno.

Il risultato di questo trattamento fu che la resero praticamente un vegetale che quasi non riconosceva più nemmeno noi figli. Non volevano che entrassimo a darle da mangiare, ma non l'aiutavano e per giunta le somministravano anche i farmaci per il diabete, scompensando ulteriormente il suo stato. Come se non bastasse mia madre cadde, stordita da tutte quelle medicine, mentre cercava di andare in bagno: era tutta un livido, nera e tumefatta.

Andammo a parlare con il primario per avere sue notizie: non ci fece nemmeno sedere e ci disse in due minuti che nostra madre aveva una cirrosi epatica all'ultimo stadio e che, se aveva o meno anche un tumore, non aveva importanza. Non ci permise neppure di fare domande, sbattendoci fuori: bell'esempio di umanità. Potete ben immaginare come rimanemmo io e mia sorella per quanto avevamo scoperto e per come eravamo state trattate. Riportammo mamma a casa e, smettendo di prendere i farmaci non necessari la mattina, lei tornò in sé.

Non avevo mai avuto un buon rapporto con mia madre perché avevamo un carattere molto simile e troppo forte, ma le volevo bene e in quel periodo stetti molto a Roma, lasciando i miei figli a mia suocera e a mio marito.

Non essendo una donna facile da gestire, poco dopo, non volendo disturbarci mia madre cadde per prendere il telecomando e si ruppe il femore. Quello fu l'inizio di un altro momento terribile che si sarebbe poi concluso con la sua morte.

Decidemmo di non portarla di nuovo in ospedale, dato che non avrebbe potuto essere operata: prendemmo un letto singolo con le sbarre e l'attrezzatura per far rimanere ferma la gamba e lo sistemammo accanto a quello matrimoniale. L'immagine di quel letto che poco dopo la vedrà morta è qualcosa di indelebile nella mia memoria.

Era poco prima di Natale e non riuscimmo a trovare una badante: alcuni dei nostri "fratelli di comunità", facenti parte del nostro cammino religioso, ci aiutarono moltissimo. Fecero dei turni ed eravamo sempre con qualcuno: un'esperienza di solidarietà che ancora oggi mi fa emozionare e commuovere.

Anche Zia Bianca, la sorella di mamma, con infinito amore, nonostante abitasse lontana e si vedessero poche volte durante l'anno, prendeva la metro pur di venire ad aiutarci. La vicinanza e l'impegno con cui si dedicò a mia madre colpirono molto papà, che a sua volta la aiuterà quando sarà lei a stare male, anni dopo.

Per lavare mia madre e per cambiare le lenzuola senza spostarla e senza farle male facemmo venire delle infermiere che pagavamo a carissimo prezzo, ma purtroppo nulla era risolutivo. Una volta a letto, immobilizzata, la malattia accelerò il suo decorso: mamma soffriva tantissimo e prendeva medicine sempre più forti per i dolori. Quando le massaggiavamo la pancia vedevamo come un'isola in rilievo: era il suo fegato.

Natale passò ma non facemmo il solito pranzo: i parenti più stretti passarono comunque a trovarla ma già si capiva che mancava poco. Il 31 dicembre entrò in coma: potete ben immaginare che bella fine dell'anno che abbiamo passato.

Viste le sue condizioni e la sua sofferenza, invitai mamma con la morte nel cuore a spezzare quel filo, dicendole che avremmo badato noi a papà. Purtroppo, riuscii a dirle che le volevo bene solo quando non era più in grado di sentirmi: ancora una volta la mia lotta contro di lei aveva prevalso.

Mio marito, per dare un senso di normalità ai nostri figli per Capodanno, era andato a casa di amici a festeggiare, pur non avendone voglia: arriverà a Roma la mattina del 1° gennaio per starci vicino.

Quella notte, poi, accadde un altro episodio che non potrò mai dimenticare: alle quattro del mattino mia madre iniziò a vomitare sangue e io e mia sorella non sapevamo cosa fare; papà per fortuna non si accorse di nulla. Fu orribile, ma di fronte a certe cose terrificanti trovi il coraggio di reagire senza sapere da dove ti arrivi la forza.

Alle sette e mezza suonarono al citofono. Non erano previsti turni per quella mattina, dato che era il primo gennaio: era una "sorella di comunità". Ci disse che aveva festeggiato la fine dell'anno ma che durante la notte aveva sentito che mamma aveva bisogno di lei: le chiedemmo l'ora e lei ci disse che era successo alle quattro. Con infinito amore la lavò e la profumò come se fosse veramente una parente.

La mattina successiva, il 2 gennaio 1999, dovemmo aprire tutte le finestre di casa perché c'era un odore terribile di ammoniaca: mia madre era completamente avvelenata e poco dopo morì. Ci trovammo di fronte al suo ultimo respiro io, mio marito e mia sorella: mio padre arrivò poco dopo e mio fratello, che desiderava esserci, stava uscendo dall'ascensore e non fece in tempo. Andrea suonò per lei al pianoforte, come tante altre volte, un brano composto da lui: quella musica racchiude la storia della sua malattia e verrà completata con quella di papà.

Se il nostro dolore di figli era grande, quello di mio padre era immenso e inconsolabile. Ancora ricordo con sofferenza il vederlo con la mano sulla lapide di mia madre piangere, lui che non si era mai dimostrato debole.

Con la malattia e la morte di mia madre mia sorella perse 10 chili e io ne presi altrettanti: ancora una volta la mia dipendenza dal cibo era esplosa con tutta la sua potenza. Pochi giorni dopo il lutto fui costretta a partire per la settimana bianca: non ero dell'umore giusto, ma dovevo recuperare il tempo perduto con i miei figli. Per accudire mia madre li avevo infatti spesso lasciati a mia suocera.

Cercammo di riprendere la vita di ogni giorno ma, soprattutto per mia sorella che ci viveva insieme, vedere mio padre annientato dal dolore era tremendo. In questo frangente ebbi di nuovo un acceso confronto con mia suocera. Mia figlia Eleonora avrebbe dovuto fare la Comunione a maggio di quell'anno, ma la spostammo a settembre. Non avevo però gran voglia di festeggiare e non volevo un ricevimento in stile "pranzo di matrimonio", lei invece voleva fare una grande festa.

Ottenni, dopo tante discussioni, di invitare solo gli zii, che peraltro erano numerosi, ma rimasi ferita dalla sua completa incapacità di capire il dolore delle persone.

SEGRETO n. 8: La vita ti mette di fronte a situazioni tremende ma ti dà anche la forza per superarle. Cerca le persone che con cuore sincero possono condividere il tuo cammino e la tua sofferenza. Aiutarsi e condividere gioie e dolori ci rende più forti.

Circa un anno e mezzo dopo, nel 2000, papà, che ormai viveva da solo visto che Paola si era trasferita per lavoro in Basilicata, si sentì male. Il caso volle, se di caso si può parlare, che sia io sia mia sorella quel giorno fossimo a Roma: lo abbiamo quindi salvato. Ricoverato nella città in cui abito, Ascoli Piceno, gli dissero che avrebbe dovuto fare la dialisi perché i suoi reni non funzionavano più: altro colpo terribile per lui.

Iniziò la dialisi rimanendo a Roma con una badante e veniva ad Ascoli Piceno solo per le visite in nefrologia. Per ben tre volte mia sorella, che periodicamente andava a trovarlo dalla Basilicata, lo trovò quasi morente e lo portò da me in ospedale.

Alla terza volta noi fratelli decidemmo che papà sarebbe rimasto a casa da me in via definitiva: al tempo non lavoravo ed ero l'unica che potesse assisterlo. Iniziò un bel periodo in cui io mi prendevo cura di lui e lui ricambiava cucinando, quando poteva, piatti prelibati che noi eravamo ben contenti di mangiare.

Fu un problema trovare delle badanti che mi aiutassero: la prima andò via e iniziai la lunga ricerca di una sostituta. Mi capitarono brave persone, altre ubriache e sporche, altre poco rispettose. Alla fine decisi, insieme a mio marito, che era meglio trovare una donna che venisse solo di giorno e che di notte mi sarei alzata io.

Papà faceva la dialisi in casa: ogni notte, attraverso l'apposita macchina, venivano infusi nelle sue vene 25 litri di soluzione e ne uscivano altrettanti. Ogni mattina doveva pesarsi per vedere se avesse troppi liquidi, e ancora ricordo scenette ridicole dove mio padre cercava di barare. Se vedevo che era aumentato di peso lo portavo subito in ospedale: andammo avanti così fino alla sua morte.

La presenza di papà era discreta: non si impicciava e non si imponeva nell'educazione dei figli. Passava ore a leggere sul divano oppure davanti ai fornelli, due grandi passioni. Fu un bel periodo, in cui ho potuto confrontarmi con lui ed esprimergli i miei rancori sulle botte che avevo ricevuto da piccola: lui mi spiegò che al tempo erano un metodo educativo e che l'aveva fatto per correggermi, non certo per cattiveria.

Parlare di questo così apertamente mi aiutò a chiudere per sempre quel cassetto dei ricordi, a dargli la giusta spiegazione, pur non condividendo.

A fine luglio mia sorella lo veniva a prendere e lo portava a casa sua al sud: papà adorava quel posto e il mare, arrivava tutto flaccido e tornava da me tonico e molto più energico. In vacanza poi non si curava nemmeno degli orari per preparare la macchina della dialisi: ad Ascoli doveva farlo precisamente alle 19, lì anche dopo cena. Abbiamo passato momenti splendidi insieme, con lui che si godeva il mare, i figli e i nipoti.

Durante le lunghe giornate invernali parlammo tanto anche della sua malattia. Tutto ciò che non era stato affrontato con mamma (con lei non si parlò mai della morte) fu detto chiaramente con lui: seduti sul divano, mano nella mano, lui mi esprimeva il suo dolore per la perdita di mamma e mi diceva che gli mancava poco tempo.

Alla visita di controllo del 5 dicembre i valori delle analisi erano a posto e nulla lasciava presagire quello che sarebbe successo di lì a pochi giorni. Papà comunque sentiva che il momento della sua morte era vicino e lo disse alla dottoressa della nefrologia e alle infermiere: in coro gli risposero che non era vero e che probabilmente era depresso.

L'8 dicembre 2005 iniziò a stare molto male e fu un problema persino fargli fare le scale per portarlo a letto. Eravamo seduti sul divano e aveva uno sguardo molto sofferente: d'improvviso cambiò espressione e sul suo volto apparve un sorriso. Gli chiesi cosa stesse succedendo e lui mi rispose che stava ricordando quando aveva incontrato mamma per la prima volta: lei lo stava aspettando e lui era molto sereno, non aveva paura di morire.

La mattina successiva io e mia sorella lo trovammo incosciente ancora sul letto e chiamammo l'ambulanza: aveva avuto un infarto. Lo portammo in ospedale e poco dopo lui iniziò a riconoscerci: mi ricordo che ci fece segno con la mano mentre lo portavano in terapia intensiva.

Fu tutto molto breve: ebbe probabilmente un ictus e perse l'uso di una parte del corpo e poi della parola. Diceva sempre che non avrebbe voluto morire a casa mia per via dei miei figli, che avevano dodici e quindici anni: si spense in ospedale il 13 dicembre mattina poco prima di mezzogiorno. Io e mia sorella eravamo quasi arrivate quando sentimmo l'aria come fermarsi: in quel momento era morto mio padre.

Il dolore di questa nuova perdita è stato immenso perché ero molto legata a lui, ma al tempo stesso lo sentivo felice accanto a mamma: andare al cimitero del Verano a Roma e sapere che sono vicini è meno doloroso che vedere papà in lacrime con la mano sulla lapide di sua moglie.

Mio marito è stato molto presente con mio padre e mi ha sempre aiutato nel suo accudimento, tanto da ricevere elogi da parte dei miei fratelli e dei miei zii. Mi ha supportato moralmente durante la malattia e anche in seguito.

Anche in questa situazione mia suocera mi deluse profondamente. Papà era morto dodici giorni prima di Natale e, come puoi ben capire, non avevo nessun desiderio di festeggiare e volevo vivere il mio dolore insieme ai miei. Lei invece voleva invitare i parenti per il pranzo di Natale dicendo che, dato che ci aveva visto ridere, avremmo potuto tranquillamente festeggiare.

In realtà, a volte in famiglia cerchiamo di sdrammatizzare e quando ci mettemmo a ridere stavamo ricordando degli episodi divertenti con papà. Ma come poteva mia suocera mettere in dubbio il nostro amore di figli? E come si permetteva di venire a dettar legge in una tale situazione? Riuscii ad ottenere di non far venire nessuno: ma che lotta, e che insensibilità.

SEGRETO n. 9: Vivi al meglio ogni momento, parla col cuore in mano delle cose che senti, condividi le tue emozioni: questo ti renderà migliore e più forte.

Dopo la morte di mio padre ricaddi nella bulimia e nella depressione e tornai in trattamento psichiatrico e psicoterapeutico, ricominciando il percorso: il dolore era troppo grande.

La depressione si impadronì di me non solo per questa perdita, ma perché non sapevo più cosa fare nella mia vita. I miei figli erano abbastanza grandi e non richiedevano più le attenzioni di un tempo; inoltre, avevo dedicato tanti anni alla cura della famiglia senza fare nulla per me stessa e ora non sapevo dove andare, come riprendermi, che ruolo avere.

Mio marito intanto usciva per conto suo e mi lasciava spesso da sola, e io mi ritrovai di nuovo a guardare la televisione senza capire cosa stessi vedendo. Però, desiderando ancora un figlio e volendo aiutare gli altri, decisi di provare a prendere in affido un bambino: riuscii a convincere mio marito a fare i colloqui per l'idoneità e la ottenemmo.

Poco tempo dopo ci chiamarono per un caso che ci volevano affidare; le assistenti sociali vollero parlare anche con i nostri figli, che diedero la loro disponibilità. Ci proposero un bambino ma poi, per problemi "gestionali", non ce lo diedero subito. Quando ci riconvocarono, però, mio marito (che all'inizio sembrava avesse accettato la cosa) si tirò indietro adducendo problemi di lavoro, peraltro veritieri.

Passò il tempo ma non diede mai più la disponibilità: un'altra volta disattese le mie speranze e la mia disponibilità ad aiutare gli altri. Ancora una volta il suo egoismo aveva prevalso. Fu un momento molto buio, ma fu anche il trampolino di lancio per il mio riscatto.

SEGRETO n. 10: Trova il tuo scopo nella vita e non lasciarti distruggere dall'apatia e dalla depressione.

RIEPILOGO DEL CAPITOLO 2:

- SEGRETO n. 6: Nonostante le difficoltà, rialzati sempre e lotta con tutte le tue forze.

- SEGRETO n. 7: Non permettere a nessuno di distruggerti, di annientarti. Tu non sei una nullità ma un dono prezioso: se gli altri non lo capiscono, allontanali.

- SEGRETO n. 8: La vita ti mette di fronte a situazioni tremende ma ti dà anche la forza per superarle. Cerca le persone che con cuore sincero possono condividere il tuo cammino e la tua sofferenza. Aiutarsi e condividere gioie e dolori ci rende più forti.

- SEGRETO n. 9: Vivi al meglio ogni momento, parla col cuore in mano delle cose che senti, condividi le tue emozioni: questo ti renderà migliore e più forte.

- SEGRETO n. 10: Trova il tuo scopo nella vita e non lasciarti distruggere dall'apatia e dalla depressione.

Capitolo 3:
Come riscattarsi in maniera efficace

Una volta passato il periodo più nero, decisi di fare volontariato e scelsi di farlo in carcere: dovevo esorcizzare la paura e il dolore aiutando gli altri. Ritrovarmi di nuovo ad essere perquisita, a passare quelle porte e a sentirle che si chiudevano dietro di me non è stato facile: i ricordi riemergevano dolorosi. Comunque non ci si abitua mai: mi chiedo quali sarebbero state le mie sensazioni se non avessi vissuto l'esperienza di mio padre.

Non era però il tipo di volontariato che avrei voluto fare, perché consisteva nel condividere la Messa con i carcerati. Sapere che alcuni di loro potevano aggredirti non mi lasciava serena, e la polizia penitenziaria che sorvegliava la cappella con le pistole in mano tantomeno. Avrei voluto conoscere le loro storie e chiesi di poter svolgere quel ruolo ma, come spesso accade ad Ascoli, si formano le "sette" e io non ne facevo parte.

Solo in un'occasione, a Natale, entrammo in una sala interna e potei colloquiare con un detenuto: ciò aumentò la mia voglia di fare quel tipo di volontariato. Tuttavia la responsabile del carcere, nonostante i solleciti, non mi diede mai una risposta né una motivazione. Rimasi per un certo periodo e poi lasciai perdere.

Entrai così a fare volontariato con la San Vincenzo de' Paoli, una società religiosa che aiuta i poveri: anche qui però erano presenti dei veri e propri circoli chiusi. A parole erano tutti propensi a farmi entrare e a farmi visitare le famiglie bisognose, ma nei fatti andavano solo alcune persone privilegiate. Mi chiamavano però per fare i turni al cimitero nel periodo dei Morti (al freddo e al gelo) e per preparare le palmette dorate a Pasqua.

Non avrò un buon rapporto con la città di Ascoli, ma non mi pare giusto fare preferenze ed escludere chi è disponibile proprio in ambito di aiuto alle persone.

Decisi che dovevo trovare qualcosa da fare per sopravvivere (all'inizio non mi sarei potuta aspettare di meglio) e uscire dal tunnel. Nel 2008 notai per caso la pubblicità di un corso OSA

(Operatore socio-assistenziale) e decisi di provare. Non ero per nulla sicura di riuscire: ancora mi riecheggiavano in mente le parole sulla mia incapacità.

Mi iscrissi al corso e iniziai a studiare libri molto semplici delle varie materie: quando ero pronta sostenevo l'esame scritto a tempo online e poi l'esame orale ad Ancona. In un anno e mezzo presi tre qualifiche: infanzia, multiculturale e disabilità.

All'interno dell'ambito infanzia predilessi il tema dell'abuso e della violenza: non so dire perché, ma ho sempre avuto la sensazione di dover lavorare in quel settore. Non mi interessavano i bambini "normali", l'ambito scolastico, ma solo dare sollievo a quelli problematici per via di quello che avevano subito. Ancora non sapevo che quella era la mia missione nella vita, ma sentivo che era importante seguire il mio cuore.

Per lo stesso motivo scelsi come ambito multiculturale il tema dello sfruttamento e della prostituzione: anche qui dovevo dare conforto a persone che avevano subito tante angherie e maltrattamenti.

Mi dirai che non era normale cercare temi così dolorosi, ma erano quelli che mi indicava il mio cuore e li ho seguiti. Ogni qualifica prevedeva un tirocinio di 300 ore in un ente abilitato e io, come prima esperienza, scelsi una comunità per minori retta da suore laiche. Il primo impatto fu emotivamente devastante: c'erano bambine e bambini abusati, maltrattati o figli di tossicodipendenti.

Mi relazionai in particolar modo con un bambino che aveva una decina d'anni. Appena arrivato in comunità non era in grado di lavarsi da solo né di pulirsi quando andava in bagno; prendeva inoltre farmaci in dosi massicce per la depressione.

Accompagnare quel bambino in ospedale ad Ancona è stata un'esperienza veramente difficile: conosceva tutti i medici e le infermiere del reparto di neuropsichiatria e di altri reparti. Iniziò a rompere le maniglie del bagno e a comportarsi in maniera molto aggressiva, e venivo ripresa io come responsabile dell'accaduto. Rimasi con lui diversi giorni senza che nessun educatore mi desse il cambio.

Una volta finita la degenza, poi, fui costretta a portarlo in macchina con me ma avevo il terrore che potesse gettarsi dall'auto in corsa. Per fortuna l'avevo incoraggiato a cantare, cosa che gli piaceva moltissimo, e così il viaggio fu abbastanza sereno, anche se ero agitatissima. Appena lo lasciai in comunità scoppiai in un pianto dirotto: le emozioni erano state veramente troppe. Nonostante le difficoltà, capii immediatamente che quello era ciò che desideravo fare: volevo aiutare gli altri.

Come secondo tirocinio scelsi un altro ambito molto forte, la tratta degli esseri umani e il recupero delle prostitute. Ascoltare le storie delle donne maltrattate e abusate fu davvero difficile. La disumanità che gli italiani e non solo hanno verso le prostitute, in particolar modo le nigeriane, mi ha profondamente colpito: molti pensano di poter infliggere a queste donne qualsiasi umiliazione perché le considerano assolutamente esseri inferiori.

Non conoscevo questo mondo, né i vari tipi di case che accolgono le donne che cercano di uscire dalla prostituzione: è stato molto significativo seguirle e cercare di aiutarle.

L'ultimo tirocinio, che aveva per tema la disabilità, è stato molto più tranquillo e quasi meno difficile e traumatico. Lavorai accanto a ragazzi con disabilità fisica e soprattutto mentale: fu una bella esperienza capire come sviluppare alcune loro abilità e come instaurare un rapporto con loro. Gli educatori progettarono uno spettacolo basato su Grease e lo portarono a teatro: riuscirono a far cantare e ballare tutti, anche un ragazzo autistico.

Questi tirocini mi fecero capire cosa volessi fare nella vita: decisi di privilegiare i bambini.

Nell'agosto del 2008 la comunità per minori mi assunse per delle sostituzioni e questo fu il punto di svolta della mia carriera lavorativa.

SEGRETO n. 11: Capire cosa vuoi fare nella vita fa la differenza e ti dà la carica per affrontare ogni difficoltà.

Iniziai a fare sostituzioni anche in un'altra comunità per minori, che in breve tempo mi avrebbe portato a lasciare la prima. Vi ho lavorato per svariati anni, anche se per la maggior parte senza un contratto fisso.

A settembre 2008, un giorno, tornando a casa, vidi un cartellone pubblicitario dell'università di Macerata: sentii profondamente che dovevo provare, nonostante continuassero a risuonarmi in mente le vocine dei miei parenti e genitori che mi dicevano che non ero capace.

Avevo quarantaquattro anni quando mi iscrissi alla facoltà di Scienze della Formazione, indirizzo educatore sociale, e ne fui subito entusiasta: studiare era difficile, ma anche estremamente coinvolgente. Mi dividevo tra lavoro, casa, lezioni e studio, felice di poter finalmente realizzare qualcosa per me. Non mi importava se mio marito usciva con gli amici perché non ero più dipendente da lui: avevo qualcosa che mi faceva stare bene.

Voglio spiegarti questa sensazione. Io, forse come te, pretendevo attenzione dagli altri e soffrivo quando non me la davano. Era una forma di dipendenza, come con il cibo: dipendevo totalmente dagli altri e dal loro affetto. Fondamentalmente non mi bastavo, non trovavo il motivo per crearmi il mio mondo, come se non mi ritenessi capace di vivere senza quel cordone ombelicale. Una volta scoperto che lo studio mi piaceva e che ero intelligente e capace, la mia vita è cambiata completamente.

SEGRETO n. 12: Non dipendere completamente dagli altri e dal loro amore ma basta a te stesso, trova il tuo scopo e realizzati. Il tuo sforzo ti aprirà porte per te insperate.

Affrontai i primi esami con paura ma anche con eccitazione e scoprii che il mio metodo di studio, seppur troppo lungo, mi permetteva di prendere voti alti. Nessuno mi stava regalando niente: mi stavo costruendo la mia vita con sforzo e sacrificio, ma quanto era bello. E che soddisfazione, vedere le facce dei miei parenti stupiti dai miei successi universitari.

Nei tre anni previsti mi laureai col massimo dei voti: decisi di fare anche la specialistica e nel 2013 diventai pedagogista. Riuscii a frequentare solo una parte delle lezioni, ma la mia determinazione mi portò a laurearmi alla fine dei due anni, di nuovo col massimo dei voti.

Consegnai la tesi, riguardante un bambino cieco conosciuto in comunità, con oltre un mese di anticipo. Questo nonostante i turni massacranti al lavoro (facevo anche diciotto ore consecutive) e la famiglia: ero molto motivata.

La mia relazione con mio marito continuava ad essere altalenante: passavamo da periodi buoni a cattivi, a mediocri ma questo non mi sconvolgeva più come prima.

Devo ammettere che lui mi aveva difeso davanti ai suoi parenti e genitori, appoggiando le mie scelte, ed era orgogliosissimo di ciò che stavo realizzando. Si vantava infatti con gli amici e i colleghi di avere una moglie capace di rimettersi in gioco e di laurearsi a un'età in cui la maggior parte delle persone si considerano arrivate.

Sicuramente lo studio e il lavoro sono stati determinanti per accettare e superare le varie crisi: nel buio della situazione avevo finalmente un angolo di gioia, di soddisfazione personale.

SEGRETO n. 13: Affronta le tue paure e combattile: niente è impossibile se lo vuoi veramente realizzare e se ti impegni.

Nel 2014 iniziai a fare vari corsi all'Unione Italiana Ciechi e provai anche a farne uno sulla lingua dei segni: quest'ultimo non l'ho terminato perché, non essendo molto visiva, ho trovato maggiori difficoltà. I corsi erano a Macerata, sempre nell'intera giornata del sabato e della domenica, e dovevano coesistere con il lavoro e con la famiglia.

Il lavoro era sempre appassionante e difficile, sia emotivamente che fisicamente: i turni erano molto impegnativi e spesso si protraevano oltre l'orario previsto.

La comunità all'inizio ospitava solo bambini tolti alle famiglie per gravi motivi e alcune mamme con i loro figli. In seguito le mamme furono scartate e si decise di ospitare anche ragazzi più grandi con disabilità varie.

Questi nuovi arrivati ruppero gli equilibri della casa: ora c'erano due gruppi, quello dei grandi, con attività dedicate, e quello dei piccoli. Gli educatori svolgevano attività alternate con entrambi i gruppi. I ragazzi più grandi erano spesso aggressivi: hanno rotto porte e finestre e varie volte hanno alzato le mani, in un momento di forte rabbia, anche su noi educatori. Confrontarsi con loro quindi non era facile: ma era quello che volevo fare.

Sono riuscita ad instaurare un buon rapporto con ognuno di loro: ancora oggi, nonostante sia andata via dalla comunità da molti anni, continuo a sentirli e a scambiare messaggi. Ho avuto ed ho tuttora un buon rapporto anche con le mamme dei ragazzi e sono rimasta in contatto con molte di loro.

Ho sempre sentito nel profondo di me stessa che questo lavoro era una missione e che pertanto non poteva finire con l'orario: questo non è stato quasi mai accettato in maniera positiva, ma non ritengo di aver sbagliato. Per me bambini, ragazzi e mamme non sono mai stati utenti ma persone, e tengo profondamente a loro. Ho sempre accettato le telefonate e gli sfoghi a qualsiasi ora, anche dopo aver smesso di lavorare lì.

Il mio lavoro, insomma, mi permette di aiutare gli altri, di capirli nel profondo, di sentire la loro sofferenza e di sostenerli. Questo per me non ha prezzo e non può essere ristretto alle sole ore di lavoro.

Le porte della comunità si aprirono anche ad alcuni rifugiati, un'altra esperienza molto significativa per me. Arrivarono due ragazzi di circa diciassette anni: il maschio sano, la femmina con problemi alla vista e soprattutto psichiatrici. Entrambi erano state vittime, durante il viaggio, di aggressioni e violenze inaudite ed erano quindi molto provati.

Il maschio non voleva restare in Italia ma fu costretto a rimanervi, dato che la legge non consente ai richiedenti asilo politico di spostarsi. Era sempre molto triste, andava malvolentieri a scuola ed era oppositivo, pur non essendo aggressivo. Quando trovò lavoro da un fioraio, la situazione cominciò a cambiare: iniziava ad essere sereno e ad accettare questo Paese.

Con questo ragazzo ho condiviso la richiesta, presso l'organo competente, dell'asilo politico. Andammo ad Ancona e lui, con l'aiuto di un traduttore, raccontò la sua storia drammatica: sentire tutte le atrocità che aveva vissuto mi avvicinò moltissimo a lui. Ottenne l'asilo poco dopo. Una volta uscito dalla comunità ha trovato un altro lavoro e ora vive insieme a degli amici.

La ragazza ha avuto una storia più tormentata: sicuramente è stata abusata e maltrattata pesantemente durante il viaggio, anche se non ne ha mai parlato apertamente. Non voleva stare in comunità e ha cercato più volte di scappare.

Un giorno che eravamo in città fuggì e io iniziai a seguirla: camminammo per ore mentre cercavo di distoglierla dal tentativo di andare alla Polizia, come mi era stato detto di fare. Nessun educatore venne a sostituirmi, e solo a pomeriggio inoltrato arrivò l'educatrice responsabile che la prese in carico.

Avevo staccato da poco, dopo praticamente due turni di lavoro consecutivi, quando mi arrivò la chiamata della comunità: dovevo correre perché la ragazza si era buttata dal balcone del primo piano e il 118 mi stava aspettando. Forse abituata a scendere dagli alberi non si era, per fortuna, fatta praticamente nulla.

La ricoverarono in psichiatria ad Ancona ed io andai con lei: fu un momento veramente difficile. Cercava di scappare, picchiava, mordeva e io avevo il compito di sorvegliarla e di calmarla. Si rifiutava inoltre di prendere le medicine e, in mancanza di esse, aumentava il suo scompenso. Rimasi con lei un paio di giorni e mi sostituirono solo per le dimissioni. Tornai in treno e nessuno mi venne a prendere, neanche alla stazione.

Era stato duro stare a contatto con una persona tanto aggressiva e disturbata, ma quello era l'aiuto che volevo dare e non mi fermai di fronte alle difficoltà.

SEGRETO n. 14: Trova un lavoro che ti piace e non scoraggiarti per le difficoltà: la tua forza di volontà e la tua determinazione ti porteranno là dove vuoi arrivare. Le situazioni che oggi ti sembrano così dure saranno quelle che ti renderanno forte e che ti costruiranno.

Oltre al lavoro e ai corsi di formazione, il periodo tra il 2014 e il 2015 è stato particolarmente decisivo perché stavo cercando qualcosa di profondo che nemmeno il cattolicesimo mi dava: io sono fermamente convinta che ci siano vite precedenti, e questo non aderisce a quanto dice la Chiesa.

Non accetto neanche l'idea che tutto sia peccato e che viviamo in una valle di lacrime: Dio ci vuole felici, non angosciati e oppressi. Tutto questo non corrisponde a quanto afferma il cattolicesimo e quindi me ne distanziai.

Ho iniziato quindi a frequentare vari corsi di crescita personale. In principio cominciai a fare meditazione il mercoledì sera con un gruppo in rete e andai ad alcuni incontri meditativi: si respirava un'atmosfera positiva e ciò mi aiutava, ma non era precisamente quello che stavo cercando.

Un collega di uno dei tanti corsi, Eugenio, mi fece conoscere l'integrazione posturale, "un metodo che agisce sulla postura per ritrovare un assetto e creare un equilibrio interno al corpo".

Andavo da lui una volta a settimana per circa due ore: scoprii che ogni dolore fisico corrispondeva a qualcosa di irrisolto, a un dolore emotivo attuale o passato. Riaprii molte ferite e riuscii a guarirne tante: fu un percorso impegnativo, ma portò molto benessere nella mia vita.

Questa pratica mi aiutò a sopravvivere alla mia situazione familiare e a trovare dei punti di contatto con mio marito. Purtroppo, mi scontravo ancora con la sua negatività e il suo pessimismo e questo distruggeva la mia serenità: imparai che dovevo schermarmi. Se volevo resistere, dovevo mettere in atto ogni strategia possibile per essere positiva e allontanarmi da chiunque fosse negativo.

Nel lavoro dovevo accettare le difficoltà e lo scoraggiamento degli utenti ed aiutarli a superare i propri limiti, ma non volevo fare altrettanto a casa. Questa dovrebbe essere il luogo di incontro di persone che sono unite e non sempre in lotta tra di loro o preda delle angosce.

Per caso mi approcciai al buddismo: una mia collega di università aveva scritto un post che mi incuriosì al riguardo e le chiesi spiegazioni. Sentiva un debito nei miei confronti perché l'avevo aiutata con gli appunti e i riassunti e fu contenta di ricambiare il favore. Decisi di provare, tanto non ci rimettevo niente e almeno il buddismo accettava e parlava delle vite precedenti, cosa in cui appunto credo fermamente.

La collega mi fece conoscere il gruppo di Ascoli e mi trovai subito a mio agio: erano persone vere, che cercavano di vivere la vita nel modo più costruttivo e propositivo possibile. Mi accettarono subito e per qualche mese ho praticato con loro il buddismo, pur senza aver ricevuto il Gohonzon, ossia l'oggetto di culto: ero quindi una simpatizzante.

L'ambiente era positivo e le persone sempre pronte ad aiutarti e a condividere le loro esperienze. Mi coinvolgevano sempre nelle loro attività e veramente mi sentivo parte del gruppo.

Ad ogni riunione incontravo persone nuove pronte a capirmi e a venirmi incontro: condivisi con loro varie esperienze, delle quali la più importante fu la consegna del Gohonzon a una di loro. Fu emozionante e coinvolgente.

Nonostante questo e i benefici che ne trassi, sentivo che neanche il buddismo era precisamente quello che stavo cercando e lasciai anche questa strada. Mi dirai che non trovo pace e che cambio troppo: ma per me questo è un pregio, perché significa non accontentarsi e ricercare sempre il meglio possibile per sé stessi.

Nel 2016 approcciai anche il Reiki, "una pratica spirituale usata come forma terapeutica alternativa per il trattamento di malanni fisici, emozionali e mentali". Nei due giorni di corso incontrai persone positive ed energizzanti: provai emozioni fortissime sia durante la pulizia dei chakra, sia durante l'investitura.

Presi il I livello Reiki e iniziai ad usare le mani per guarire me stessa. Aiutai inoltre una mia amica, Sandra, che aveva tanto bisogno di energia positiva: anche lei era sopraffatta da persone negative e cattive che non le permettevano di vivere serenamente. Iniziai a praticare Reiki tutte le mattine e questo mi aiutava a purificare l'aria dalla negatività presente in casa.

Tutte le esperienze di vita mi rimandavano ad aiutare gli altri, seppur con modalità diverse. Iniziai a capire che la mia missione nella vita, perché ognuno ne ha una, fosse proprio sostenere gli altri: sentii che il mio talento era "il cuore grande di mamma".

SEGRETO n. 15: Cerca di capire cosa vuoi realizzare nella vita, qual è la tua missione, e non spaventarti se non trovi subito la strada giusta: devi percorrerne varie prima di capire il senso di ogni cosa che ti è capitata.

RIEPILOGO DEL CAPITOLO 3:

- SEGRETO n. 11: Capire cosa vuoi fare nella vita fa la differenza e ti dà la carica per affrontare ogni difficoltà.

- SEGRETO n. 12: Non dipendere completamente dagli altri e dal loro amore ma basta a te stesso, trova il tuo scopo e realizzati. Il tuo sforzo ti aprirà porte per te insperate.

- SEGRETO n. 13: Affronta le tue paure e combattile: niente è impossibile se lo vuoi veramente realizzare e se ti impegni.

- SEGRETO n. 14: Trova un lavoro che ti piace e non scoraggiarti per le difficoltà: la tua forza di volontà e la tua determinazione ti porteranno là dove vuoi arrivare. Le situazioni che oggi ti sembrano così dure saranno quelle che ti renderanno forte e che ti costruiranno.

- SEGRETO n. 15: Cerca di capire cosa vuoi realizzare nella vita, qual è la tua missione, e non spaventarti se non trovi subito la strada giusta: devi percorrerne varie prima di capire il senso di ogni cosa che ti è capitata.

Capitolo 4:
Come combattere contro le avversità

Il 2014 fu un anno ricco di emozioni belle, brutte e di tanti cambiamenti, dato che mi imbattei in nuove avversità sul mio cammino, a partire dal lavoro.

Da cinque anni lavoravo nella stessa comunità con ruoli diversi: ero entrata per fare sostituzioni come OSA e con la laurea ero diventata educatrice, ma rimanevo sempre e soltanto una sostituta. Ero molto disponibile, pronta a venire incontro alle necessità della comunità, degli educatori e dei dirigenti, ma questo non cambiava il mio ruolo. Facevo spesso più ore dei miei colleghi a tempo pieno, ma quasi sempre con contratti per prestazione occasionale.

Da gennaio avevo ottenuto un contratto part-time, ma iniziavo a non essere soddisfatta: avevo visto passarmi avanti molti altri educatori e a marzo mi misero a fare solo le notti. Ero furiosa: il 118 aspettava sempre e solo me, arrivavo per ogni emergenza e ora non ero più considerata capace di fare turni di giorno. Provavo una rabbia immensa e decisi di iniziare a cercare lavoro altrove.

Scrissi una lettera accorata al responsabile amministrativo, una persona che stimo tantissimo, chiedendogli spiegazioni, ma purtroppo in quel periodo era malato e non poté darmi retta. Mi rifiutai invece di parlare con la responsabile della comunità e con la figura di riferimento degli educatori: mi sentivo tradita.

In quel periodo era in corso un cambio radicale degli educatori e ne silurarono molti, facendo credere che erano andati via di propria volontà: pensai quindi che lo stesso stava accadendo a me.

Parlai alla fine con la responsabile degli educatori: mi disse che non avevano intenzione di togliermi il lavoro, ma che sarei stata sempre e solo una sostituta. Non accettarono inoltre che potessi avere un secondo lavoro perché dovevo essere, furono parole sue, disponibile ventiquattr'ore su ventiquattro.

A fine aprile 2014 si chiuse così, amaramente, un'esperienza veramente importante della mia vita. Nell'ultima notte lavorativa non riuscii nemmeno a dire a tutti i grandi che sarei andata via: era troppo doloroso per me...

SEGRETO n. 16: Le difficoltà sono parte della vita: devi affrontarle a testa alta, anche se comportano cambiamenti radicali.

A giugno, dopo il dolore per la perdita del lavoro tanto amato, arrivò la gioia per la nascita della mia bellissima nipotina, Aurora. Mia figlia mi chiamò verso le 6 del mattino e andai in ospedale: le emozioni erano alle stelle mentre aspettavo trepidante fuori dalla porta di sentire il primo pianto di mia nipote.

Dopo una lunga attesa finalmente uscì l'ostetrica dicendomi che la piccola era nata. Non posso descrivervi l'intensità di quello che provavo: la mia bambina era diventata mamma.

Poi vidi uscire mia figlia e mio genero con la neonata in braccio: non riuscivo a smettere di piangere per la gioia. Non ho mai pianto così tanto, neanche per la morte dei miei genitori: ero felice come non mai. Eleonora e Aurora stavano bene ed era meraviglioso essere diventata nonna a cinquant'anni.

SEGRETO n. 17: Apprezza ogni attimo della vita: a volte ti arriveranno cose negative, altre delle gioie immense.

A fine maggio, pochi giorni prima della nascita di mia nipote, avevo iniziato a lavorare per una cooperativa che opera nel sociale: niente più notti e, finalmente, la possibilità di un rapporto diretto con le famiglie nelle loro case.

Mi affidarono due casi: dei genitori separati con figli e una famiglia con la mamma che beveva. Fui entusiasta da subito di entrambe le famiglie, entrai in sintonia con loro e riuscii a far percepire la mia presenza a casa non come una minaccia, ma come risorsa.

Se il rapporto con le famiglie era ottimo, quello con i servizi sociali e la responsabile di quel settore della cooperativa lo era molto meno: le assistenti sociali sin dal primo incontro erano apparse evidentemente oppositive, per giunta senza motivo e senza conoscermi.

La responsabile era molto puntigliosa e voleva il controllo totale della situazione: mi costrinse a correggere a suo piacimento persino le relazioni che facevo mensilmente. Se non era d'accordo su una cosa che avevo osservato la cancellava, facendo apparire la questione sostanzialmente diversa dalla realtà.

Inoltre, non apprezzava la mia disponibilità a spostarmi o a cambiare orario: era d'estate e i bambini di un'educativa, quando erano con il padre e la compagna, andavano al mare o a trovare amici e io li accompagnavo. Risultai troppo accondiscendente.

Riuscii ad individuare dei punti di accordo tra i genitori, che normalmente si facevano la guerra: fu considerato anche questo non opportuno (i servizi sociali non ci erano riusciti). Non si poteva fare di più, solo lo stretto necessario. Inoltre, ero entrata troppo in sintonia con le famiglie: e anche questo approccio fu considerato negativamente.

Alla fine mi fu tolto il caso dicendo che ero io ad essere andata via: sconfessai immediatamente questa versione con le famiglie, con cui sono tuttora in contatto. Avevo dato loro degli input su quanto stesse accadendo e su come "qualcuno" stesse tirando i fili delle marionette. Quando li ho rincontrati mi hanno confermato loro stessi che quello che dicevo era vero: ero stata mandata via fondamentalmente perché non ero stata a quel gioco.

Ogni volta che incontro di nuovo la famiglia e i bambini ritrovo quelle emozioni di un tempo: loro mi saltano addosso e sono contenti di vedermi. So di non aver agito male e non mi pento di nulla.

Nell'altra educativa entrai in punta di piedi perché la mamma non voleva intrusi in casa e non accettava il mio ruolo. Fui molto paziente e comprensiva e arrivai in breve tempo a farmi accettare.
I bambini avevano un buon rapporto con me e il piccolo spesso si addormentava sulle mie gambe, guardando qualche video. Lei qualche volta beveva, ma non si ubriacò mai. Chi di dovere non era però di questo avviso e decisero di toglierle i figli per farla disintossicare.

Ancora ricordo la pena straziante di quella madre quando glielo comunicarono. Si abbarbicò a me piangendo e disperandosi: non si aspettava che finisse così e non riteneva di meritarselo.

Per fortuna i bambini furono affidati al fratello della madre e il padre poteva vederli.

Osai dire all'assistente sociale, che conoscevo al di fuori delle educative, che "forse" il giudice avrebbe potuto disporre diversamente e che "forse" si poteva non arrivare a questo. Fui licenziata in modo subdolo: la responsabile non mi disse mai che era stata colpa di quanto avevo detto.

Anche in questo caso non mi pento di aver provato a difendere la mamma perché non era alcolizzata, sebbene qualche volta bevesse, e non meritava quello che le hanno fatto.

Ancora una volta fui mandata via non perché lavoravo poco ma perché facevo troppo. Ma per me quelle famiglie, lo ripeto, non sono mai stati un numero ma persone, e come tali le ho trattate.

A febbraio 2015 rimasi quindi senza lavoro, condizione che si sarebbe protratta fino a novembre dello stesso anno. La rabbia si impadronì di me: sentivo un fuoco dentro, come un vulcano pronto ad eruttare. Più ci pensavo, più alimentavo quella rabbia e più stavo male. Tornò la depressione e per circa sei mesi mi ritrovai nel buio totale, immersa nel rancore.

Ricominciai a non dormire e ad assumere farmaci sempre più forti pur di prendere sonno. Dormivo la prima notte, tutt'al più la seconda ma poi non facevano più effetto: dovevo quindi alternare farmaci diversi. Se poi mentre stavo per addormentarmi qualcuno entrava in camera o faceva rumore era finita: rimanevo sveglia anche fino alle tre o alle quattro del mattino.

Si riaffacciò anche l'ansia: normalmente non sono una persona ansiosa, ma quando questa appare è il segnale che sto veramente male e che devo fare qualcosa. Il fuoco che era in me mi stava distruggendo, e diventava sempre più grande e potente.

Tanta rabbia e rancore esacerbarono ulteriormente i miei rapporti con mio marito: ogni motivo era buono per scattare, per aggredirlo, per far pagare a lui quello che avevo dentro.
Il mio matrimonio andava avanti tra alti e bassi grazie anche al fatto che stavo spesso fuori casa: la vicinanza forzata quindi portò altre ansie e conflitti. Non avevamo praticamente nulla in comune

da condividere: io amo lo studio, i libri, le trasmissioni e i viaggi culturali; lui ama la moto, lo sport, il mare, la televisione e le telenovelas.

I viaggi ho imparato a farli con mia sorella perché mi ero stancata di fare solo giri per me insignificanti. Trovo che stare ore sulla moto per poi non vedere praticamente nulla sia una gran perdita di tempo (e per giunta provoca un mal di schiena terribile) e via via ho smesso di andarci.

Tutto questo ovviamente era causa di altri dissapori: io facevo tranquillamente le mie cose e seguivo le mie passioni mentre lui si lamentava di essere un "vedovo bianco" perché andava sempre in giro da solo.

Ma se non avevo nessun interesse a modificare la situazione quando le cose andavano bene, figuratevi ora che andavano male. Mio marito era un'ulteriore fonte di stress e cercavo pertanto di evitarlo il più possibile.

Come ulteriore conseguenza ingrassai molto, perché mangiavo

per placare l'insoddisfazione e la rabbia. Purtroppo potevo abbuffarmi quanto volevo, ma quella sensazione di inadeguatezza permaneva. Non arrivai però alla bulimia: ero consapevole di ciò che facevo e di cosa mi mancava.

È questo che fa la differenza tra bulimia e dipendenza da cibo: la consapevolezza del perché lo fai, delle tue sensazioni, dei tuoi limiti. Puoi farti del male uccidendo il tuo corpo, intossicandolo, ma non vuoi distruggerlo completamente. In qualche modo sei responsabile delle tue azioni e delle tue emozioni.

Non sentendomi realizzata al momento nel lavoro e neanche nel matrimonio la mia vita sembrava aver perso il senso: non potevo però distruggermi di nuovo, non dopo tutto quello che avevo costruito.

Non sapendo cosa fare di fronte a quest'avversità frequentai un corso di Educazione Relazionale Emotiva per dominare e risolvere la rabbia: dovevo rimettermi in gioco. Ricominciai a pensare alle mie vittorie, anche quando nessuno credeva in me, e mi resi conto che era ora di cambiare atteggiamento: dovevo ammettere le mie responsabilità per quanto mi era accaduto e non dare solo la colpa agli altri.

Il corso mi aiutò moltissimo perché era basato proprio sull'elaborazione delle emozioni negative e sulla responsabilità.
Capii che sentirmi solo come una vittima mi stava uccidendo: non ci avevo messo anche del mio?

Le responsabilità non sono state solo mie, certamente, ma ho contribuito agli eventi in maniera determinante: per esempio, avrei dovuto confrontarmi con la responsabile della comunità e capire le sue motivazioni prima di sentirmi tradita e di decidere di andarmene; e avrei dovuto riflettere prima di parlare con l'assistente sociale invece di pensare che, data la conoscenza precedente, avrebbe capito.

SEGRETO n. 18: Quando non sai cosa fare e ti senti particolarmente giù cerca qualcuno o qualcosa che ti possa aiutare a rimetterti in gioco e a capire le tue responsabilità.

A fine 2015 iniziai anche un altro corso per ciechi ma scelsi quello sbagliato: non sono brava a disegnare, e decidere di frequentare un corso sulla Progettazione e stampa 3D non fu la cosa migliore. Non riuscivo a usare il programma e a capire come costruire le forme richieste, non ero per nulla brava nel fare i volti o gli smile.

Non parliamo poi delle difficoltà incontrate nella progettazione dello Sferisterio di Macerata: aggiustavo da una parte e mi si rovinava dall'altra. Un vero disastro, anche se mi ero impegnata veramente tanto.

Per non farmi mancare niente, pochi giorni prima dell'esame mi si cancellarono accidentalmente tutti i file dal computer: ero riuscita faticosamente a creare un cubo per ciechi con la frutta, i numeri in cifre e in braille, e ora era tutto scomparso. Sparì anche la mia progettazione dello Sferisterio, riuscita peraltro male.

Chiamai il mio consuocero per cercare di recuperare i file, ma la maggior parte non si apriva: praticamente avevo perso ogni cosa. Riuscii a salvare solo le foto in un documento di Word.

Date tutte le difficoltà fui promossa con un voto per me basso: mi elogiarono però per la determinazione, la perseveranza e l'impegno. Il corso, in ogni caso, mi era servito per coinvolgermi in qualcosa e per trovare nuovi stimoli.

Il mondo dei ciechi mi ha affascinato sin da quando, in comunità, avevo conosciuto un bambino non vedente che divenne infatti il soggetto della mia tesi della specialistica. Il corso mi aiutò ad entrare maggiormente in quel mondo, a scoprire sempre più in profondità le sensazioni di un cieco: come percepisce con le mani, cosa sente, come analizza il materiale che ha davanti e come si muove nell'ambiente.

Quando toccavo gli oggetti con gli occhi bendati, nella maggior parte dei casi non riuscivo a capire che cosa avessi in mano. Le sensazioni sono del tutto diverse: mi ricordo che uno mi parve persino molto più grande di quello che in realtà era.
Il corso, nonostante le immense difficoltà, mi aiutò a rimettermi in riga e a ridimensionare quanto mi era accaduto.

Per cercare di capire meglio me stessa avrei voluto andare a un seminario di quattro giorni a Firenze tenuto da Brian Weiss, uno dei maggiori esponenti mondiali di ipnosi regressiva. Chiamai tutti gli amici e i colleghi ma non trovai nessuno disposto ad accompagnarmi. Non fui capace di andare da sola e dovetti rinunciare: ma non avendo perdonato a me stessa una tale paura, giurai che mai più mi sarei fatta limitare dalle mie angosce.

L'anno successivo mi capitò un convegno tenuto da autori minori a Milano e, fedele a ciò che mi ero ripromessa, andai da sola. Non mi piacque com'era impostato il convegno, perché troppo teorico, ma ebbi la fortuna di conoscere una persona speciale, Michele Guandalini, uno psicoterapeuta che praticava ipnosi regressiva. Fui colpita "a pelle" da lui e decisi di provare l'ipnosi, cosa che desideravo da moltissimi anni.

Questo psicoterapeuta vive a Bologna e il viaggio era lungo, ma non mi lasciai condizionare: feci la mia prima seduta poco prima di Natale. Fu un'esperienza fantastica: ero molto rilassata ma assolutamente presente a me stessa.

All'inizio mi arrabbiai perché non riuscivo a vedere niente. Mi dicevo: "Nicoletta, lo hai desiderato tanto, hai fatto tanti chilometri e ora stai a perdere tempo...". A poco a poco però mi rilassai e riuscii a vedere, o meglio a percepire, alcune vite precedenti. Ero entusiasta, emozionatissima e profondamente colpita da quello che vidi perché spiegava alcune situazioni "reali" a cui non ero mai riuscita a dare un senso.

Faccio presente a chiunque è tentato da questa scoperta di sé che si rimane assolutamente vigili: sentivo perfettamente la musica di sottofondo, ma anche il rumore che veniva dal piano superiore, le voci e così via. Puoi smettere quando vuoi e non sei affatto condizionato dall'analista. Tornai una decina di volte perché più scoprivo e più volevo scoprire.

Ora la mia paura di andare da sola è completamente scomparsa: se voglio partecipare a un convegno o a qualche altro evento non mi pongo problemi, decido, pago, organizzo e parto. Spesso per paura che mio marito mi dica qualcosa mi iscrivo senza dirgli nulla e solo a cose fatte lo informo: è una decisione un po' estrema, ma mi è servita per non farmi condizionare.

SEGRETO n. 19: Non abbatterti nelle avversità: trova nuovi stimoli che possano dare senso alla tua vita. Se non cerchi non troverai nulla.

Dopo il corso decisi di rimettermi completamente in gioco e di smettere di piangermi addosso. Spedii una miriade di curriculum e fui chiamata per un colloquio di lavoro in una casa di cura psichiatrica verso luglio. Serviva la figura dell'educatore, ma nella realtà dovevo essere una OSS: aspettai la loro chiamata ma questa non arrivava mai.

In quel periodo per dimagrire camminavo moltissimo, e lo facevo col cellulare in mano per paura di non sentirlo squillare. Mi stavo aggrappando a un'opportunità, pur essendo consapevole che quello non era il lavoro che mi sarebbe piaciuto fare. Dopo un paio di giorni decisi di smettere di farmi del male: lasciai il cellulare e ringraziai Dio di non essere stata chiamata.

Fui chiamata invece per un pre-colloquio da una cooperativa che opera nel sociale: nuova speranza e trepidazione. Scoprii che l'incontro era rivolto soprattutto all'orientamento, ma avevo le idee chiare su ciò che volevo fare nella vita e quindi feci solo due incontri.

Questo mi servì comunque a focalizzarmi sulle mie risorse e su ciò che volevo realizzare, lasciando da parte le cose negative, i problemi e le difficoltà incontrate. Più diventavo positiva e propositiva, più mi sentivo energica e pronta a ripartire.

Quegli incontri furono un nuovo trampolino di lancio: poco dopo, nel novembre 2015, fui assunta dalla cooperativa che faceva questi percorsi di orientamento.

SEGRETO n. 20: Non demordere mai. Quello che oggi credi negativo, un giorno capirai che era la cosa giusta per te e la tua crescita.

RIEPILOGO DEL CAPITOLO 4:

- SEGRETO n. 16: Le difficoltà sono parte della vita: devi affrontarle a testa alta, anche se comportano cambiamenti radicali.

- SEGRETO n. 17: Apprezza ogni attimo della vita: a volte ti arriveranno cose negative, altre delle gioie immense.

- SEGRETO n. 18: Quando non sai cosa fare e ti senti particolarmente giù cerca qualcuno o qualcosa che ti possa aiutare a rimetterti in gioco e a capire le tue responsabilità.

- SEGRETO n. 19: Non abbatterti nelle avversità: trova nuovi stimoli che possano dare senso alla tua vita. Se non cerchi non troverai nulla.

- SEGRETO n. 20: Non demordere mai. Quello che oggi credi negativo, un giorno capirai che era la cosa giusta per te e la tua crescita.

Capitolo 5:
Come risorgere dalle ceneri della depressione

La nuova me stessa inizia con la consapevolezza che niente viene per nuocere: tutte le difficoltà che ho incontrato sulla mia strada, infatti, mi hanno forgiata rendendomi una persona migliore. Certo durante il buio e le prove sono stata, come tutti, presa da angosce, da rabbia e da qualsiasi sentimento negativo: non sono diversa da ognuno di voi.

Posso dire però che ho avuto il coraggio di guardare avanti, di cercare delle soluzioni, di reinventarmi e di non arrendermi.

Sì, lo so, ora forse non trovi la forza per affrontare il tuo problema, ma quella forza è in te. Smettila di pensare che sono gli altri che devono aiutarti, che sono loro i colpevoli dei tuoi stati d'animo: da' un taglio netto alle sensazioni cattive, ai pensieri negativi.

Noi involontariamente e inconsapevolmente ci attacchiamo alla negatività e ci distruggiamo per abitudine, perché ci spaventa l'idea di provare ad essere diversi. La lotta contro quei mostri è possibile, ed è possibile la vittoria: ma, come in tutte le cose, devi impegnarti e volerlo fortemente.

Niente succede per caso. Fermati un attimo a pensare: tutta la tua vita, le tue storie, le tue difficoltà cosa ti hanno portato ad essere? Puoi considerare negativa ogni cosa, ogni aspetto della tua vita? Non ti è mai capitato, come a me, che dopo la sofferenza si sia aperta un'altra strada e che tu abbia trovato positivo quel cambiamento?

Nel mio caso non consideravo certo positivo essere stata costretta a lasciare la comunità o essere stata licenziata secondo me ingiustamente: eppure questi eventi così dolorosi mi hanno fatto maturare, mi hanno messo dentro una gran voglia di riscatto.

Certo, mi sono dovuta impegnare per ottenere dei risultati, ma niente avviene senza sforzo, nessuno ti regala niente: il tuo destino e il tuo futuro devi costruirli tu.

Vuoi continuare a piangerti addosso o vuoi provare a metterti in gioco? Vuoi provare a cambiare, a realizzare i tuoi sogni? Allora alzati e datti da fare. Lo so che la gente intorno a te farà leva sulle tue paure per spingerti a rimanere "nei tuoi quattro guai", ma tu lotta per ciò che desideri.

Se io non mi fossi ribellata ai condizionamenti degli altri sarei ancora una mamma e una moglie depressa, trascurata, senza voglia di vivere, sarei ancora sotto psicofarmaci e chissà che altro… Vuoi questo come futuro? Vuoi rimanere annientato dai sensi di colpa, dalle accuse, dalla rabbia e quant'altro?

SEGRETO n. 21: Pensa profondamente a cosa vuoi e prendi la tua decisione. Prendila subito, perché la tua vita piena di soddisfazioni ti sta aspettando.

Altra cosa positiva della nuova me stessa è avere un lavoro appagante in cui vengo apprezzata. Infatti mi sono stati affidati due casi molto impegnativi.

Nella prima famiglia i genitori, dopo lotte acerbe, si sono separati e i tre figli sono stati affidati al padre. I due gemelli hanno un leggero ritardo mentale: il maschio è inoltre iperattivo, oppositivo e ha disturbi del comportamento e dell'attenzione. Qui svolgo prevalentemente la funzione di aiuto nei compiti: non è un lavoro semplice perché il bambino va continuamente in crisi diventando aggressivo, specie nei riguardi della sorella.

L'altra è una famiglia alla quale avevano tolto il bambino per problemi psichiatrici della mamma. Qui la situazione è molto complessa per via della patologia della madre e per l'anzianità del padre. Il bambino, che ha quasi dieci anni, spesso si ritiene lui il genitore e quello che decide. Gli mancano in buona parte gli appoggi educativi e in particolar modo l'aiuto scolastico: nessuno dei due genitori, infatti, è in grado di aiutare il figlio nei compiti.

Quando ho conosciuto la madre, lei era molto in ansia perché ovviamente è difficile accettare che un'estranea entri in casa tua. Avvicinandomi in punta di piedi sono però riuscita a capire immediatamente le sue paure e le sue angosce: gli sguardi tra noi sono stati subito di intesa e di comprensione.

Faccio molte ore settimanali da loro e sono diventata un sostegno importante: mi piace tantissimo rapportarmi con queste persone. Andare a lavorare non è assolutamente un peso, anzi mi fa sentire bene perché so di essere utile e di essere un supporto per le famiglie.

SEGRETO n. 22: Cerca e fai il lavoro che ti piace, realizzati attraverso di esso: se incontri difficoltà vai avanti perché la vita ti sorprenderà.

Farò questo per tutta la vita? Sicuramente no. Ho già in mente nuovi cambiamenti, ma questo, al contrario di prima, non mi spaventa più, anzi mi affascina e mi dà quella sorta di energia di cui non riesco più a fare a meno. Non voglio essere "arrivata", non mi considero certo vecchia e senza più risorse e forze a cinquantatré anni: voglio realizzare ancora moltissime cose.

Per prima cosa ho deciso di diventare psicoterapeuta e ciò comporta prendere una seconda laurea in psicologia. Ho cercato le università online, dato che non avrei modo di frequentare, e ne ho trovata una che mi ha riconosciuto il maggior numero di esami tra quelli del mio curriculum. Ho fatto i primi due dei quattro esami che mi daranno accesso alla specialistica e sto preparando il terzo.

È semplice? Assolutamente no, ma è ciò che desidero e che mi fa star bene. Senza sforzo non si ottiene niente, te lo ripeto. Io sento che devo realizzare anche questo per aiutare gli altri: fa parte della mia missione. L'idea, poi, di scrivere un libro è nata quasi per caso, ma non è mai un caso quello che ti accade. Da quando mi è venuta in mente ho iniziato ad elettrizzarmi e ho posto in essere tutte quelle azioni che mi potevano portare a realizzare il mio sogno.

Ho visto che c'era un corso, ho prenotato senza dire niente a nessuno, mi sono presa le ferie e solo una settimana prima ho detto di cosa si trattava: non volevo sentire nessuno dirmi che era una pazzia e che non sarei stata capace.

Spaventata? Certamente un po' di incertezza è presente, ma poi penso che scrivere sta facendo bene a me e potrebbe far bene anche ad altri. Cosa ho da rimetterci? La faccia forse, ma chi non tenta ha già perso in partenza: questo ricordalo sempre.

Certo, non è semplice mettere in piazza la propria vita, le proprie debolezze, le proprie sconfitte, e tantomeno è facile raccontare un'esperienza come quella del carcere. Ma ho sentito con chiarezza che dovevo parlare anche di questo perché è stata un'esperienza forte, che mi ha forgiato.

Se vuoi qualcosa prova e se andrà male avrai comunque il pregio di aver provato. E se invece andrà bene? Pensa che soddisfazione! Pensa a tutte le volte che uno scienziato fallisce prima di trovare l'idea giusta: se si scoraggiasse al primo tentativo saremmo rimasti all'Età della Pietra. Lo so che è difficile e che bisogna impegnarsi, ma i risultati saranno eclatanti.

Ti diranno che cambiare è sbagliato, che devi accontentarti, che la vita è difficile: ma tu vuoi una vita lineare, noiosa, apatica o una vita dove ti alzi contento la mattina, dove vai a lavorare felice? Queste sono le domande che mi sono posta nel lungo cammino del mio riscatto: e ho deciso che la parola "accontentarsi" non deve far parte del mio vocabolario e della mia vita. Posso ottenere ciò che desidero se mi impegno e faccio le giuste azioni, ma devo anche avere un approccio più positivo alla vita, contornarmi di persone che mi sostengono e non solo di quelle che mi ostacolano in ogni modo. Molti lo fanno quasi per invidia: ti scoraggiano perché vorrebbero avere la tua forza e la tua determinazione, ma non avendola vogliono toglierla anche a te.

Da parte mia ho iniziato a porre delle barriere tra me e le persone che mi osteggiavano e, dove possibile, ho smesso di frequentarle. Non ho certo bisogno che qualcuno mi ricordi le difficoltà del cambiamento, che mi faccia diventare depresso appena le vedo, che spenga la mia voglia di vita. Ho bisogno invece di persone positive che vogliono cambiare, rimettersi in gioco, che sanno accettare le sfide che la vita riserva.

SEGRETO n. 23: Realizza i tuoi sogni, mettiti in gioco: chi non prova ha comunque perso in partenza. Non lasciarti condizionare: tu solo devi essere l'artefice della tua vita.

Ho ritenuto necessario proteggermi anche da mio marito quando, con la sua estrema negatività, ci toglieva l'aria. Sia io che mio figlio sentivamo una cappa di piombo appena entravamo in casa:

è capitato anche a te?

Da quando mio marito ha cambiato registro e ha capito che tutto quel negativismo era nocivo anche per lui e stava rovinando definitivamente il nostro rapporto, l'aria è cambiata e se n'è accorto lui stesso. Ora, se entra in un ambiente dove le persone sono negative o pessimiste, lo nota: impensabile fino a poco tempo fa.

Ma cosa lo ha cambiato? Il secondo convegno "Il potere del Cervello Quantico". L'anno scorso, nel tentativo di trovare qualcosa da fare assieme, prenotai il convegno anche per lui: gli dissi che, da contratto, se non gli fosse piaciuto avrebbe potuto andare via e riavere i soldi, anche se li avevo spesi io. Rimase entusiasta e volle prenotarsi immediatamente per il successivo.

A me quel primo convegno piacque moltissimo: vibravano tutte le corde del mio organismo. Sentii inoltre che un corso di crescita personale promosso in quella sede era ciò che stavo cercando. Era la somma di tutte le esperienze religiose e non che avevo sperimentato nella vita e molto, molto di più. Ovviamente cosa feci? Mi iscrissi subito, nonostante il costo. E sono contentissima di averlo iniziato perché sta veramente creando la nuova me.

Ho capito, fra le tante, alcune cose importanti che voglio condividere con te. Innanzitutto ho accettato le mie responsabilità: è stato un processo difficile e lungo, ma decisamente necessario. Anche tu dai la colpa sempre agli altri? Gli altri ti odiano, ti osteggiano, ti feriscono e quant'altro? Anche tu ti sei sentito una vittima? Del coniuge, del capufficio, dei figli? O del fato, della vita?

Era precisamente così che mi sentivo io: sapevo in fondo che dipendeva anche da me, ma ritenevo che il grosso dipendesse dagli altri e dalla loro insensibilità. E sai cosa succedeva, e che probabilmente succede anche a te? Che mi stavo distruggendo: la rabbia, come ti ho già detto, si impossessava di me e mi faceva stare molto, molto male.

Avere un fuoco che ti divora dentro ti porta ad essere aggressiva sempre e comunque, non ti fa ragionare ma solo agire nel peggiore dei modi possibili: emerge la parte più negativa di te.

Ti faccio un esempio, per spiegarti meglio. Con mio marito ero giunta al punto che qualsiasi cosa dicesse lo aggredivo, anche se aveva ragione e non mi stava recando danno. Se ero io a iniziare il discorso lo facevo allo stesso modo. Conclusione, ci guardavamo sempre in cagnesco, sempre rabbiosi.

Ho preso molte delle decisioni importanti della mia vita senza neanche consultarlo perché pensavo, a priori e magari sbagliando, che lui mi avrebbe ostacolato: certo, non nego che a volte lo abbia fatto, ma non sempre.

Condivisione zero, rabbia, tensione, incomprensione al massimo: ti rivedi per caso in questo stato?

Senti anche tu qualche volta, e a me succedeva spesso, che anche il letto in cui dormite è fonte di stress per te e senti un fastidio per la persona che hai accanto? È precisamente quello che fino a poco tempo fa provavo io. Percepivo la camera da letto un po' come una tomba: dell'amore, delle mie aspirazioni, della mia serenità... Decisamente una brutta sensazione. E come viveva mio figlio in questo clima di tensione? Malissimo, purtroppo. Gli abbiamo fatto molto male e lo abbiamo fatto a noi stessi.

Con questo percorso ho finalmente capito le mie responsabilità in tutti gli episodi della mia vita, ed è stato un po' come rinascere.

Con mio marito, per esempio, ho capito che la mia aggressività lo spingeva a difendersi e ad attaccarmi a sua volta: non era solo lui con il suo negativismo che rovinava il nostro rapporto, ma anch'io facevo la mia parte. Gli ho permesso io di farmi così male in tante occasioni: avrei potuto reagire in altro modo, parlargli, non accettare i suoi soprusi, non essere succube.

Certo, in quei momenti non sarebbe stato facile pensare che almeno in parte dipendeva da me, non te lo nego, ma ho capito la differenza che può arrecare il sapersi prendere le proprie responsabilità.

Nota bene: non parlo di "colpa", ma di responsabilità. La colpa è un concetto che ci è stato imposto dalla Chiesa e da tutti i discorsi sul peccato ed è assolutamente un'emozione negativa.
La responsabilità è invece propositiva, ti permette di guardare i

tuoi errori e modificarli osservandoli da un altro punto di vista.

Ora nei momenti bui, perché quelle fasi della vita ci sono comunque, riesco a fermarmi e a pensare prima di agire: mi dico che è responsabilità mia se mi faccio condizionare dagli altri, se sono arrabbiata o furiosa. La realtà, adesso lo so, è che ci ho messo anche del mio, anche se prima non riuscivo proprio ad ammetterlo.

Pensa ad alcuni momenti difficili della tua vita dove magari il capufficio ti ha trattato male e cerca di immaginare cosa sarebbe accaduto se tu avessi avuto un comportamento diverso, se magari non ti fossi lasciato sopraffare dalla paura di perdere il posto, dal sentirti ancora una volta incapace e così via. Se avessi, per esempio, deciso di mandarlo a quel paese dentro di te, probabilmente avresti vissuto la giornata più serenamente.

E se invece avessi notato che ti tratta in quel modo solo perché è insicuro? O se avessi osservato un dettaglio divertente, come qualcosa fuori posto che lo rende ridicolo? Magari ti saresti fatto una risata e avresti continuato a vivere la tua giornata con un atteggiamento positivo.

E se magari quel suo richiamo voleva essere costruttivo perché il capo ha fiducia e stima in te e vuole migliorarti? L'hai mai posta tra le possibili ipotesi o avresti reagito come feci io a quell'epoca, sentendomi depressa e offesa?

Ti faccio un altro esempio. Quando ero al corso ho deciso di candidarmi per poter scrivere il libro e pubblicarlo, e dovevo pagare un acconto. Avevo però solo un bancomat e la cifra che potevo prelevare non era sufficiente per saldarlo.

Ho chiamato allora mio marito chiedendogli di cercare nel mio portafoglio la carta di credito e di darmi il numero. Lui si è immediatamente attivato e, pensando di aver trovato la carta, mi ha dato i numeri ma non trovava il codice CVV scritto dietro. Alla fine ha capito che era un bancomat. Cosa ho fatto io? Me la sono presa con lui, aggredendolo e dicendogli che avrebbe dovuto evolversi.

Di chi era la responsabilità? Mia, ovviamente. Avevo scelto io di non portare il mio borsellino con l'altro bancomat, di togliere la carta di credito, di non scrivermi il numero. Come ho fatto sentire mio marito? Un incapace. Conclusione: era sconsolato di non aver fatto abbastanza.

Non metti anche tu queste stesse modalità in atto? Se avessi pensato con calma, invece che con la rabbia e l'angoscia, avrei potuto dirgli tranquillamente dove cercare.

Il mio atteggiamento è stato costruttivo? Assolutamente no. E se questo accade più volte al giorno, tutti i giorni, il rapporto si deteriora irreparabilmente.

SEGRETO n. 24: Non pensare che tutti ti vogliono male, che ti osteggiano, che sei una vittima, ma cerca di percepire anche la tua responsabilità in ciò che accade: questo fa veramente la differenza.

Un'altra cosa importante che sono riuscita a capire grazie al corso è stata come eliminare o ridurre drasticamente la rabbia e l'aggressività. Accettando la responsabilità delle mie azioni, il fuoco che mi divorava a poco a poco si è spento: anche se in qualche occasione posso arrabbiarmi non arrivo più ai livelli di prima, non sento più il vulcano pronto ad eruttare. Ti assicuro che senza rabbia si vive infinitamente meglio.

Un altro passaggio importante è stato lasciar andare il passato: questo ha una valenza terapeutica perché riportare continuamente alla memoria il male ricevuto, o quello che noi riteniamo tale, ci porta sempre più in basso, ad autodistruggerci.

Quei ricordi si alimentano dentro di te e diventano sempre più grandi e dolorosi: è come quando accendi il fuoco e soffi per far salire la fiamma. Ti serve ricordare quelle cose? Ricordare quanto hai sofferto? Eppure lo facciamo tutti: non riusciamo a lasciar andare le cose brutte.

Hai notato che si ricordano più le esperienze negative che le positive? E perché ci sono persone che arrivano addirittura ad assumere droghe o alcool o a diventare extra obesi pur di non rinunciare ai problemi che sottostanno a tali dipendenze?

Quanto si vogliono distruggere alimentando quelle emozioni così negative? Gli psicologi li aiutano in primis a capire quelle dipendenze nel profondo, a vivere le emozioni e ad abbandonarle. Non è facile lasciar andare il passato e considerarlo per quello che è: doloroso, ma passato.

Anche qui, come in tutte le cose, occorrono perseveranza e impegno. Eppure, non appena inizi a farlo, troverai immensi benefici e la tua vita acquisirà una nuova vitalità. Credimi, perché l'ho sperimentato sulla mia pelle.

Ti faccio un altro esempio per farti capire meglio. Da piccola, come ti ho detto, i miei ci picchiavano, non con la frusta, intendiamoci, ma alzavano comunque le mani su di noi. Io questa cosa non l'ho mai accettata e ogni volta che ci pensavo ritornavano la rabbia e la voglia di vendetta.

A lungo ho rievocato quel dolore come se fossi ancora bambina, alimentando la negatività di quanto accaduto. Rivivevo la mia decisione di non fare altrettanto quando sarei stata grande, e ho rispettato tali promesse perché ho dato pochi sculacconi ai miei figli in tutta la loro vita. Ma ricordavo e cercavo di vivere intensamente quell'emozione, soffrendo il più possibile.

A sentirlo dire sembra incredibile, eppure facciamo tutti così. Prova a pensarci seriamente. È come se volessimo farci del male da soli: assurdo, no?

Con mia madre non ne parlai mai, ma alimentai la mia rabbia e la mia aggressività nei suoi confronti: quando arrivavo a Roma riuscivo a litigare con lei prima ancora di salire a casa, direttamente dal cortile in cui lasciavamo la macchina.

Con mio padre affrontammo, come ti ho detto, l'argomento: gli dissi come mi ero sentita, la frustrazione provata, lo misi al corrente della rabbia e della voglia di vendetta che aveva fatto nascere in me. Gli raccontai di come mi sentii quando mamma alzò le mani su Simone per via dei capricci che stava facendo e io non fui in grado di difenderlo: non me lo sono perdonato praticamente per tutta la vita.

Parlare con papà e capire le sue ragioni, pur non condividendole, mi ha aiutato a lasciar andare quei fatti così dolorosi: ho chiuso quel cassetto e se lo riapro non provo più il dolore di prima. Non sai che liberazione: è come sentirsi finalmente su una nuvola e vedere tutto dall'alto senza farne parte: una bellissima sensazione.

La nuova me, stanca di non vivere una vita affettiva appagante e di farsi tanto male, durante l'ultimo convegno "Il potere del Cervello Quantico" ha lasciato suo marito.

Avevo paura? Certo, perché non sapevo cosa avrei potuto fare, avevo il terrore di rimanere sola, di non trovare appoggi. Dovevo però farlo per me stessa e anche per lui perché la vita che stavamo vivendo insieme non poteva più essere definita tale: troppi rancori, troppa freddezza, troppa rabbia. Eravamo "mummificati e putrefatti", degli estranei uno per l'altro!

Mai decisione è stata migliore: la dura realtà ci ha spinti a riparlare, cosa che non facevamo da anni. Ho deciso di seguire il mio istinto e darci del tempo: ovviamente dovremo lavorarci insieme. Come andrà a finire non lo so, ma so che stiamo facendo i giusti passi per capire i nostri errori e ricominciare da lì.

Anche in questo caso... risorta dalle ceneri!

SEGRETO n. 25: Lascia andare il tuo passato, affronta le tue paure: solo così potrai vivere una vita felice e soddisfacente.

RIEPILOGO DEL CAPITOLO 5:

- SEGRETO n. 21: Pensa profondamente a cosa vuoi e prendi la tua decisione. Prendila subito, perché la tua vita piena di soddisfazioni ti sta aspettando.

- SEGRETO n. 22: Cerca e fai il lavoro che ti piace, realizzati attraverso di esso: se incontri difficoltà vai avanti perché la vita ti sorprenderà.

- SEGRETO n. 23: Realizza i tuoi sogni, mettiti in gioco: chi non prova ha comunque perso in partenza. Non lasciarti condizionare: tu solo devi essere l'artefice della tua vita.

- SEGRETO n. 24: Non pensare che tutti ti vogliono male, che ti osteggiano, che sei una vittima, ma cerca di percepire anche la tua responsabilità in ciò che accade: questo fa veramente la differenza.

- SEGRETO n. 25: Lascia andare il tuo passato, affronta le tue paure: solo così potrai vivere una vita felice e soddisfacente.

Conclusione

Scrivere questo libro è stato come salire su un treno e tornare indietro nel passato. È stato terapeutico sia rivivere le emozioni forti e dolorose sia quelle bellissime e cariche di energia.

La mia vita ha avuto, come hai letto, tanti momenti bui e tristi ma, essendomi accorta che mi stavo distruggendo, ho deciso di cambiare, di rivoluzionare tutto. Certo, non è stato semplice: ho avuto tanti dubbi e paure, sono ricaduta varie volte, sono stata sul punto di rinunciare: ma poi la mia forza di volontà, la voglia di rivincita, quella stessa voglia che hai tu anche se adesso non la senti, mi hanno portato a perseverare, a lottare con più forza.

Cambiare non è un percorso magico che ti arriva dal cielo: è un'esperienza di vita quotidiana che ti trasforma a poco a poco. I risultati verranno e saranno superiori alle tue aspettative se saprai perseverare: e allora coraggio, non farti abbattere dalle difficoltà, non essere una pecora come molti vogliono che tu sia.

Prendi le redini della tua vita in mano, inizia a realizzare i tuoi sogni e vedrai la depressione volare via come una nuvola. Se hai i giusti obiettivi vedrai che non avrai tempo da sprecare per rimuginare su dolori e incomprensioni.

Certo non è che finiscano i problemi, ma con un atteggiamento positivo vedrai le cose in modo diverso, in un'altra prospettiva, e saprai affrontare le difficoltà con più grinta. Cadrai e ti rialzerai, diventando sempre più forte. Devi decidere ora cosa vuoi fare: rimanere nel buio, nella tristezza, nella tua vita apatica o provare a cambiare.

Leggendo i primi tre capitoli del libro mio marito, nonostante la descrizione che ho fatto di lui, mi ha scritto: "È molto forte, toccante, emozionante e soprattutto scritto con il cuore, andando a colpire secondo me il senso per cui lo hai scritto... Ti sarò sempre vicino e ti incoraggerò continuamente perché per me è ancora più motivo di orgoglio. Non sei più la pecora nera, sei Nicoletta, persona vincente che crede e riesce in quello che fa! Ora lo so: sei un continuo stimolo per me! Solo tu riesci a colpirmi dove devo essere colpito, a smuovermi, a farmi credere in me stesso e soprattutto a migliorarmi e realizzarmi...".

Spero vivamente di aver colpito la tua attenzione, di essere riuscita a farti immedesimare in tante situazioni, a farti riflettere e soprattutto a invogliarti a cambiare. Ho scritto il libro perché volevo aiutare gli altri a capire, a superare le loro difficoltà, per essere di stimolo con la mia esperienza diretta e professionale.

Ti ripeto che hai la forza dentro di te per realizzare ogni cambiamento che vorrai e, se lo desideri, potrai contare anche su di me.

Mi puoi contattare per un consiglio al seguente link: https://www.facebook.com/Nicoletta-Sangiorgio-696892567176985/

PS. Se ti è piaciuto il libro, se ti ha coinvolto e ha mosso le tue emozioni, sappi che ne sto scrivendo un altro a quattro mani con mio marito per spiegare il nostro rapporto e aiutare le coppie a capire come affrontare le relazioni difficili.

www.ingramcontent.com/pod-product-compliance
Lightning Source LLC
Chambersburg PA
CBHW070510090426
42735CB00012B/2726